KB110528

논어

양심을 밝히는 길

차례
Contents

들어가며

소인의 문명, 군자의 문명

지금의 시대를 한 마디로 평가하면 '양심이 땅에 떨어진 시대'라고 해도 과언이 아닐 것이다. 전 세계가 근대화를 추진하는 과정에서 '물질문명'만을 과할 정도로 추구했던 반면 인간의 '양심'과 '도덕성'을 근간으로 하는 '정신문명'에 대해서는 지나칠 만큼 무관심했기 때문이다. 물질문명은 오로지 인간의 욕심만을 자극하고 부추기는 문명이다 보니 늘 '이익'을 가장 중시하며 더 많은 이익 창출에 초점을 두고 있다. 따라서 이러한 세계를 살아가는 인간은 '무엇이 나에게 이익인가? 무엇이 나에게 손해인가?'라는 화두에만 매몰되기 마련이다.

그런데 동양에서는 예로부터 이렇게 이익만 추구하는 인간을 '소인(小人)'이라 불렀다. 소인은 모든 사람의 이익에는 관심이 없다. 오로지 자신의 이익에만 관심이 있다. 그래서 자신에게 이로운 것을 추구하고 해로운 것을 멀리 한다. 이를 '호리피해(好利避害)'라고 한다. 그러니 남에게 손해를 끼치는 일이 도처에서 벌어진다. 애초에 그것을 염두에 두지 않았기 때문이다. 심지어 가족 간에도 예외가 아니다. 이렇게 욕심만 추구하는 소인들이 주도하는 문명이 바로 '물질문명'이다.

반면 소인과 달리 양심만을 추구하는 인간을 '군자(君子)'라고 불렀다. '임금 군(君)' 자를 쓴 데서 알 수 있듯 군자는 '다른 사람을 이끄는 리더'라는 의미를 갖고 있다. 자신을 잘 닦아 남을 이끌 수 있는 '양심적 리더'라는 뜻이다. 양심적 리더는 자신의 이익에만 관심이 있지 않다. 오로지 자신의 양심에 비추어 충실히 사는 것을 추구한다.

우리의 양심은 나와 남 모두의 이익과 손해에 관심이 있다. 그래서 군자는 늘 모든 사람의 이익과 손해에 마음을 쓴다. 소인들이 추구하는 이익이나 손해와는 그 차원이 다르기에 이러한 대아적인 이익과 손해를 따로 구분해 부른다. 즉 모두에게 이로운 것을 '선(善)'이라 하고, 모두에게 해로운 것을 '악(惡)'이라 하는 것이다. 군자는 언제나 선을 추구하고 악을 멀리한다. 이를 '호선오악(好善惡惡)'이라 부른다. 이렇게 언제 어디서나 양심을 추구하는 군자가 주도하는 문명이 바로 '정신문명'이다.

보편적 도덕률이 요청되는 시기

그렇다고 물질문명을 버리자는 것은 아니다. 물질문명의 혜택으로 인류는 노동에서 해방되어 자아를 실현할 수 있는 기회를 갖게 되었다. 그러나 물질문명은 사람들을 '이익의 추구'로만 내몰았고, 그 결과 인류는 커다란 위기에 직면했다. 서로 저마다 자신의 이익만 추구한다면 이 사회는 어떻게 될까? 그 결과가 바로 지금의 현실이다. 서로 자신의 이익만 챙기는 가운데 사회 전체가 힘들어지고 있다. 남의 이익을 무시하고 자신의 이익만 추구하다 결국 자신의 이익마저 잃어버리는 것이다. 그러니 우리는 '이익의 추구'에서 발생한 각종 문제들을 '양심의 추구'로 해결해야 한다.

물질문명이 전 세계를 하나로 통합한 현재의 지구촌 전체에는 한 문화권에 국한되지 않는 '보편적 도덕률'이 요구되고 있다. 누구나 부정할 수 없는 보편적 도덕률이 아니라면 이 지구촌 전체가 앓고 있는 '물질만능주의'의 병통을 치유할 수 없으며 인류의 평화로운 공존을 이루어낼 수 없다. 공자는 『논어』「위령공」편에서 "내가 당하기 싫은 것을 남에게 가하지 말라(己所不欲勿施於人)."고 했다. 사실 이 이상의 보편적 도덕률은 없다. 이것이 바로 '양심의 소리'이며 모든 실정법의 근거인 '자연법'이다.

자연법은 언제나 우리의 내면에서 "자신이 당하기 싫은 것을 남에게 가하지 말라."고 명령한다. 이를 어기면 찜찜하고 이를 따르면 자명하다. 이것이 우리 내면에서 뿌듯함이나 죄책감이 일어나는 이유다. 또 인간이면 피할 수 없는 본능이기도 하다. 인간의 모든 정의는 바로 여기에 근거한다. '정의란 무엇인가?'라는 질문의 답은 밖에서 찾을 수 없다. 오직 우리 내면의 '양심의 명령'에 그 근거가 있다. 이 명령에 충실히 따르는 것이 '정의(正義)'고, 이를 무시하고 남에게 부당한 피해를 주는 것이 '불의(不義)'다.

『논어』를 읽어야 하는 이유

따라서 정의가 요구되고 인류의 공존이 요구되는 이 시점에 '양심'을 추구하고 '보편적 도덕률'을 바로 세우는 것은 최고의 해결책이 된다. 유교의 고전 『서경(書經)』에서는 다음과 같이 말한다.

> 人心惟危 道心惟微 惟精惟一 允執厥中.
> '욕심'은 위태롭고 '양심'은 미미하다. 오직 양심을 정밀하게 밝히고 한결같이 추구해야 한다. 그래야 진실로 중심을 잡을 수 있을 것이다.
> － 『서경』「대우모(大禹謨)」

인류가 물질문명과 정신문명 사이에서 중심을 잡고 균형 잡힌 삶을 살기 위해서는 무엇보다 '양심의 계발'이 필요하다. 누구나 보편적으로 지니고 있는 '양심'이 아니면 지구촌 모두가

승복할 보편적 도덕률을 끌어낼 수 없다.

이 시점에 우리가 다시 『논어』를 읽어야 하는 이유도 바로 여기에 있다. 양심의 계발에 대해 동서양의 어떤 고전보다도 자세한 가르침이 담겨있는 경전이 바로 『논어』다. 『논어』는 공자와 그 제자들의 문답을 문인들이 기록한 것으로, 평생 양심의 계발을 추구한 공자의 가르침이 잘 담겨 있는 책이다. 우리는 여기서 양심계발의 비법을 배워야 한다. 그래야 향후 인간이 나아가야 할 '인간의 길'이 선명해질 것이며, 물질문명이 가져온 온갖 병통을 말끔히 치유할 수 있을 것이다.

공자는 누구인가?

공자의 탄생

공자(孔子, BC 551~479)에 대한 가장 유명한 전기는 『사기(史記)』「공자세가(孔子世家)」다. 이를 바탕으로 하되 다른 고전들을 참고해 공자의 생애를 간략히 살펴보자. 공자는 기원전 551년 노(魯)나라 창평향(昌平鄕) 추읍(陬邑)이란 곳에서 태어났다. 그의 아버지는 하급 귀족 무사인 숙량흘(叔梁紇), 어머니는 안징재(顔徵在)였다.

공자의 이름은 '구(丘)'다. '언덕 구(丘)'자를 쓴 것에 대해서는 여러 설이 있다. 공자를 산동성 곡부에 있는 니구산(尼丘山)에서 기도해 낳았기 때문이라는 설도 있고, 정수리가 오목하게 들어간 언덕 모양이라 그렇다는 설도 있다. 공자는 어려서 가난하고 비천하게 자랐다고 한다. 그러나 어려서부터 양심을 계발하는 학문에 뜻을 세우고 착실하게 공부해나간 것은 분명하다.

노나라의 대부 맹희자(孟釐子)가 병이 들어 임종하면서 그의 후계자인 맹의자(孟懿子)에게 훈계하기를 "공구(孔丘)는 성인의 후손으로 그의 가문은 송(宋)나라에서 멸망했다. …… 내가 듣기로 성인의 후예는 비록 세상에 합당하지 않더라도 반드시 통달한 자가 있다. 공구는 나이가 어리나 예절을 좋아하니 통달한 자가 아니겠는가? 내가 죽거든 너는 반드시 그를 스승으로 섬겨라."라고 하였다 한다. 하급 무사의 아들인 공자를 성인의 후손이라 한 것은 그의 조상이 본래 은나라 황실의 후예였기 때문이다.

공자, 노자에게 배우다

그 후 공자는 맹희자의 아들인 남궁경숙(南宮敬叔)과 주(周)나라로 가서 노자(老子)를 만나 예절을 묻고 배웠다고 한다. 이때 노자는 공자에게 "총명하고 치밀한 사람은 죽음에 가까우니 남과 옳고 그름을 따지기 좋아하기 때문이다. 그리고 변론에 박식하고 광대한 사람은 그 몸뚱이가 위태로우니 남의 단점을 드러내기 때문이다. 사람의 자식이 된 자는 '자기'가 있어서는 안 되며, 남의 신하가 된 자도 '자기'가 있어서는 안 된다."라고 가르침을 주었다.

공자가 노자를 따라다니며 예절을 배웠다는 이야기는 『장자(莊子)』와 같은 도가의 경전은 물론 『예기(禮記)』와 같은 유가의 경전에도 실려 있다. 『예기』「증자문(曾子問)」에 "내가 노담(노자)에게 배웠다(吾聞諸老聃)."는 구절이 네 차례 나오는데, 이는 공자가 노자에게 배운 것이 한 차례에 그친 것이 아니라는 증거가 된다. 그러니 공자의 사상과 노자의 사상을 대립적으로만 봐서는 곤란하다. 결국 위대한 두 철인의 핵심사상은 자연이 인간에게 준 양심을 충실히 따르자는 것이다.

양심정치를 추구한 공자

이후 공자는 노나라 정공(定公)에게 등용되어 중도(中都)의 읍재가 되었는데, 정치를 아주 잘해 일 년 만에 사방의 백성들이 모두 그를 본받았다고 한다. 기원전 500년에는 노나라 정공(定公)과 제(齊)나라 경공(景公)이 모여 회맹을 할 때 의식을 주재하는 상례(相禮)를 맡아 노나라가 빼앗긴 땅을 다시 돌려받기도 했다. 그리고 다음해에는 대사구(大司寇, 법무부장관)가 되어 재상의 일까지 대신하는 등 정치생활에서 최고의 전성기를 누린다.

공자가 노나라의 국정을 맡은 지 3개월이 되자 고기를 파는 상인들이 값을 속이지 않고, 길에 물건이 떨어져도 주워 가져가지 않았다고 한다. 그러나 노나라가 강성해지는 것을 두려워한 제나라의 음모와 귀족들의 방해로 공자는 정치에서 물러나게 된다. 이후 공자는 제자들과 고국을 떠나 여러 나라를 돌아다니며 '도덕정치·양심정치'를 호소하다 14년 만에 고국에 돌아왔는데 이때 그의 나이 68세였다.

이후 공자는 경전을 정비하고 제자들을 가르치는 데 전념했다. 당대에 '양심의 학문'을 펼치려는 뜻을 접고, 이 학문을 후세에 올바로 전하는 데 전념한 것이다. 이후 71세 때 그의 최고 수제자인 안회(顔回)가 일찍 세상을 떠나자 큰 충격을 받아 "하늘이 나를 죽이는구나(天喪予)!"라고 한탄하였다. 그해 그는 자신의 도가 세상에서 행해지지 않을 것을 알고, 필생의 역작 『춘추(春秋)』를 완성하기도 했다.

공자가 72세 되던 해에는 제자 자로(子路)가 비참하게 죽었다. 그 후 병이 든 공자는 이듬해인 기원전 479년 73세의 나이로 세상을 떠났다. 그는 제자 자공(子貢)을 보고 "태산이 무너지는가! 기둥이 부러지는가! 철인이 쓰러지는가!"라고 노래를 부르며 눈물을 흘리다 "천하에 도가 없어진 지 오래다. 나를 따르지 않는구나. 장사를 지낼 때 하(夏)나라 사람들은 동쪽 계단에 모시고, 주(周)나라 사람들은 서쪽 계단에 모셨지만 은(殷)나라 사람들은 두 기둥 사이에 모셨다. 어젯밤 나는 두 기둥 사이에 앉아 제사 받는 꿈을 꾸었다. 나는 본래 은나라 사람이다!"라고 말한 뒤 7일 후 세상을 떠났다. 그의 제자는 약 3천 명에 이르렀고, 이중 『시(詩)』『서(書)』『예(禮)』『악(樂)』『역(易)』『춘추(春秋)』의 6가지 경전에 통달한 자가 72명이었다고 한다.

공자는 은나라 사람

『공자가어(孔子家語)』에 의하면 공자의 조상은 은나라의 마지막 왕인 주왕(紂王)의 이복형, 미자(微子)의 동생 미중연(微仲衍)이다. 미자는 은나라 말기의 현인으로 비간(比干), 기자(箕子)와 함께 은나라 말기의 '삼인(三仁, 세 명의 인자한 이)'으로 꼽힌다. 미자는 나중에 주나라에 투항해 송나라의 제후가 되는데, 자식이 없어 동생인 미중연이 그 뒤를 계승한다. 이 미중연의 후예가 바로 공자다. 그래서 공자는 "나는 본래 은나라 사람이다."라고 선언한 것이다.

丘也卽殷人 夫明王不興 則天下其孰能宗余 余逮將死 遂寢病七日而終.

"구(丘)는 은나라 사람이다. 대저 밝은 임금이 일어나지 않으면 천하에 누가 나를 높이리오. 내가 장차 죽을 것이다."라고 하셨다. 마침내 몸져누워 7일 후 돌아가셨다.

― 『공자가어』

또 이러한 은나라에 대한 애틋한 심경 때문에 『시경집전(詩經集傳)』 「대아(大雅)」편에서 "미자가 주나라를 섬긴 것을 가슴 아파하시고, 은나라가 멸망한 것을 애통해 하셨다(蓋傷微子之事周 而痛殷之亡也)."고 한 것이다. 당시 최고의 문화였던 주나라의 문화를 재건하기 위해 평생을 노력한 공자지만, 그의 내면에는 은나라가 주나라에 망한 것을 애통해하는 마음도 늘 함께한 것이다. 은나라를 멸망시킨 주나라 무왕(武王)에 대해 『논어』에서 다음과 같이 평가한 것도 그런 사정 때문이었을 것이다.

子謂韶 盡美矣 又盡善也 謂武 盡美矣 未盡善也.
공자께서 순(舜)임금의 음악인 '소(韶)'에 대해서는 "지극히 아름답고 지극히 선하다."라 하시고 무왕의 음악인 '무(武)'에 대해서는 "지극히 아름다우나 지극히 선하지는 않다."라고 하셨다.
- 『논어』 「팔일(八佾)」

이는 은나라도 분명 백성들에게 잘못한 것이 크나 은나라를 무너뜨린 주나라의 무왕도 하늘에 떳떳할 정도로 신하의 도리를 다하지는 않았다고 본 것으로, 그들의 반역이 과연 순수하게 백성들을 위한 것이었는지 찜찜하다는 것이다. 이는 은나라를 칠 수 있는 세력을 갖추었지만 반역을 하지 않고 은나라를 군주로 섬긴 무왕의 아버지 문왕(文王)에 대한 평가와 대비해 보면 분명해진다.

三分天下 有其二 以服事殷 周之德 其可謂至德也已矣.
문왕은 천하를 셋으로 나누어 그중 둘을 소유하였으나 복종하여 은나라를 섬겼으니 주나라 문왕의 덕은 지극한 덕이라 이를만하다.
- 『논어』 「태백(泰伯)」

구이에 살고자 한 공자

그러나 공자가 살던 때는 은나라를 대신했던 주나라마저 도가 땅에 떨어져 가던 형국이었다. 그러니 공자가 은나라와 같은 동이족의 국가인 '구이(九夷, 아홉 갈래의 동이족)'로 가고자 한 것도 무리가 아니다. 구이는 은나라와 같은 동이족의 국가이자 동방 고대문화의 적통인 '고조선'을 의미하는 것이다. 중국의 고대 역사서인 『오월춘추(吳越春秋)』에 보면 아홉 갈래의 동이족 중 '현이(玄夷)'를 '주신(州愼, 조선)'이라 부르는 것도 그 증거 중 하나다.

> 子欲居九夷 或曰 陋如之何 子曰 君子居之 何陋之有.
> 공자께서 구이에 살고자 하자 혹자가 묻기를 "누추합니다. 어떻게 하시려고요?"라고 하였다. 공자께서 말씀하시길 "군자가 사는데 어찌 누추하겠는가?"라고 하셨다.
> — 『논어』「자한(子罕)」

공자는 군자들이 사는 나라인 고조선으로 가고자 했다. 이러한 사정은 중국의 대표적인 동이족 관련 자료인 『설문해자(說文解字)』나 『후한서(後漢書)』「동이열전(東夷列傳)」 등을 살펴보면 더욱 명확해진다. 먼저 중국 후한시대의 학자 허신(許愼, 30~124)이 지은 『설문해자』를 살펴보자.

東夷從大 大人也 夷俗仁 仁者壽 有君子不死之國 故孔子曰
道不行 吾欲之君子不死之國九夷 乘桴 浮于海 有以也.

'동이(東夷)'는 '대(大, 사람이 팔다리를 벌린 모양)'자를 따
랐으니 '大'는 '사람'을 뜻한다. 동이의 풍속은 인자하다. 인자한
사람은 오래 사는 법이니 '군자들이 죽지 않는 나라'라는 말이
생겨난 것이다. 그래서 공자께서도 말씀하시기를 "(중국에서)
도가 행해지지 않으니 군자가 죽지 않는 나라인 구이에 가고
싶다."라 하시고, 뗏목을 타고 바다를 건너려고 하셨으니(『논
어』) 참으로 이유가 있었던 것이다.

– 『설문해자』

또 『후한서』 「동이열전」에서는 다음과 같이 이야기하고 있
다.

王制云 東方曰夷 夷者柢也 言仁而好生 萬物柢地而出 故天性
柔順 易以道御 至有君子不死之國焉 夷有九種曰 畎夷 于夷 方
夷 黃夷 白夷 赤夷 玄夷 風夷 陽夷 故孔子欲居九夷也 故孔子欲
居九夷也.

『예기(禮記)』 「왕제(王制)」에 이르길 "동방을 '이(夷)'라고 한
다." 하였다. '이(夷)'란 만물이 나오는 뿌리이니 '인자하고 생명
살리기를 좋아하는 것(好生)'을 말한다. 만물은 모두 땅을 뿌리
삼아 나오는 것이다. 그래서 천성이 유순하고 도(道)로 다스리
기 쉽다. 그리하여 '군자가 죽지 않는 나라'라는 말까지 생겨나

게 되었다. '이(夷)'에는 아홉 종족이 있으니 '견이(畎夷)' '우이(于夷)' '방이(方夷)' '황이(黃夷)' '백이(白夷)' '적이(赤夷)' '현이(玄夷)' '풍이(風夷)' '양이(陽夷)'다. 그래서 공자께서는 '구이'에 살고자 하셨다.

- 『후한서』 「동이열전」

인(仁)은 동이족의 휴머니즘

공자는 은나라 황족의 후예다. 현재 중국 학계에서는 은나라와 고조선 모두 같은 조상을 둔 동이족의 나라라고 본다.

殷道衰 箕子去之朝鮮.
은나라의 도가 쇠하자 기자는 조선으로 갔다.

- 『한서(漢書)』 「지리지(地理志)」

은나라가 망하자 황족이던 기자가 고조선으로 건너갔다는 이야기가 전하는 것도 그들이 모두 같은 동이족이었기 때문이다. 『후한서』나 『설문해자』를 볼 때 동이족의 핵심사상은 바로 '인(仁, 사랑)'이다. 중국에서 공자는 은나라 황족의 후손으로서 동이족의 핵심사상인 '인'을 펼치려고 한 것이다. 하지만 도저히 그 뜻을 이룰 수 없게 되자 '인자한 군자'가 사는 나라인 고조선으로 가고자 한 것이다.

공자의 핵심사상인 '인' 또한 동이족의 핵심적인 가르침이었다. 고조선의 후예인 우리는 이러한 사실을 반드시 명심해야 한다. 『삼국유사(三國遺事)』는 고조선의 국시가 바로 '홍익인간 (弘益人間)'이었다고 전한다. 즉 '널리 인간을 이롭게 하라'는 가르침이 우리 고조선의 국가적 사명이었다는 것이다. 공자의 핵심사상인 '인'과 고조선의 핵심사상이 하나로 통한다는 것도 이러한 사실을 잘 말해준다. 은나라의 후예인 공자는 동이족의 휴머니즘을 중국 땅에서 찬란하게 꽃피운 것이다. 그리고 그 결실이 바로 『논어』에 잘 담겨있다.

공자가 즐기던 학문

학문을 즐긴 공자

언젠가 초(楚)나라 지방관리인 섭공(葉公)이 공자의 제자인
자로(子路)에게 공자가 어떤 사람인지 물었는데, 자로는 대답을
해주지 않고 돌아왔다. 공자가 그런 자로에게 이렇게 말했다.

女奚不曰 其爲人也 發憤忘食 樂以忘憂 不知老之將至云爾.
그대는 어찌 이렇게 말하지 않았는가? 그 사람됨이 학문에
발분했을 때는 배고픔을 잊고, 학문을 즐기느라 근심을 잊어
장차 늙어가는 것조차 몰랐다고 말이야.

– 『논어』「술이(述而)」

공자는 자신을 위대한 스승이나 학자로 여긴 것이 아니라 "나라는 존재는 '학문의 즐거움'에 빠져 늙는 것조차 잊어버린 학생이다."라고 본 것이다. 이것이 공자의 진면목이다. 공자는 오직 학문의 즐거움에 푹 빠져 일생을 산 학생이다. 어쩌면 그의 묘비명에는 '공부하다가 죽다'라고 새겼어야 옳았을지도 모를 일이다. 『맹자』에 전하는 글을 보면 공자는 제자인 자공(子貢)에게 이렇게 이야기하기도 한다.

> 我學不厭 而教不倦也.
> 나는 다만 진리를 배움에 싫증내지 않고, 진리를 가르침에
> 게으르지 않을 뿐이다.
>
> - 『맹자』 「공손추(公孫丑) 상(上)」

공자는 자신에 대해 총평을 하면서 진리를 하나씩 알아가는 학문을 늘 즐겼으며 그 결과물을 남과 공유하는 데 조금도 게으르지 않았을 뿐이라고 하였다. 평생 진리 추구하기를 즐겼다는 대목은 '공자의 지혜'를 여실히 보여준다. 또 그렇게 얻어낸 진리를 남과 공유함에 있어 아끼지 않았다는 것은 '공자의 자비'를 명확히 보여준다 하겠다. 이는 마치 불교의 보살이 추구하는 '위로는 지혜를 구하고, 아래로는 중생을 구제하자'는 '상구보리(上求菩提) 하화중생(下化衆生)'의 가르침과 상통한다 하겠다.

공자는 자신이 고생해서 얻은 진리는 남과 공유할수록 더욱

그 가치가 커지며 학문의 즐거움 또한 남과 나눌수록 더욱 커진다는 사실을 잘 알고 있었다. 모두 함께 진리를 배우고 익히기를 즐기며, 또 서로 얻어낸 정보를 나누는 사회야말로 공자가 꿈꾸던 이상사회였을 것이다. 흔히 현대를 '정보화 사회'라고 부르는데 정보를 창출하고 이를 공유해 더 큰 사회적 가치를 창조해낸 공자야말로 정보화 사회의 가장 모범적인 모델이라 하지 않을 수 없다.

고대문화를 밝히려고 한 공자

그렇다면 공자는 어떤 학문을 추구한 것일까? 공자가 추구했던 학문이 구체적으로 무엇이었는지를 알아야 우리는 공자를 더욱 잘 이해할 수 있을 것이다.

> 子曰 述而不作 信而好古 竊比於我老彭.
> 공자께서 말씀하시길 "나는 고대문화의 본뜻을 있는 그대로 밝히고 설명하였을 뿐 사사로이 지어내지 않았다. 나는 고대문화를 신뢰하고 좋아할 뿐이니 마음속으로 나의 선생이신 노자와 견주어본다."라고 하셨다.
> – 『논어』「술이」

공자는 무엇보다 동방의 고대문화에 관심이 있었다. 현재 중국 학계는 이 동방 고대문화의 근원을 과거 고조선이 있던 요하(遼河) 지역에 위치한 '홍산문화(紅山文化)'에서 찾는다. 홍산문화는 기원전 4700년경까지 거슬러 올라가는 문화로 중국문화의 원형으로 인정받고 있다. 여기서 재미있는 것은 이 문화의 주체가 바로 '동이족'이라는 것이다. 그래서 중국 학계는 고조선이나 은나라 등의 동이족 국가는 모두 이 홍산문화에서 파생된 것이라고 본다. 여기에서 기원한 동이족 문화의 한 갈래가 고조선을 거쳐 우리나라로 이어지고, 또 한 갈래는 요임금과 순임금의 시대를 거쳐 은나라로 이어지며 중국으로 퍼졌다는 것이다. 맹자는 순임금이 동이족임을 분명히 밝히고 있다.

> 孟子曰 舜生於諸馮 遷於負夏 卒於鳴條 東夷之人也.
> 맹자께서 말씀하시길 "순임금께서는 제풍(諸馮)에서 태어나 부하(負夏)로 옮기셨다가 명조(鳴條)에서 돌아가셨으니 '동이(東夷)'의 사람이다."라고 하셨다.
>
> —『맹자』「이루(離婁) 하(下)」

공자는 이렇게 계승된 동방 고대문화에 대해 관심이 많았다. 왜냐하면 이러한 동이족의 휴머니즘 문화야말로 중국문화의 원형이기 때문이다. 현재 중국 학계에서 중국 문화의 원형을 제시한 존재인 '황제(黃帝)'를 홍산문화의 계승자인 동이족으로 보고 있는 것도 이러한 사실을 뒷받침해준다. 현실에서 동이족의 '인'을 구현하고자 했던 공자는 당연히 고대문화 연구에 박차를 가한 것이다. 그래서 공자는 이 동이족 문화의 대표적 계승자인 성인(聖人) 군주, 요임금과 순임금을 가장 숭상했다. 그리고 당시 주나라에서 동방의 휴머니즘 문화를 지켜나가려고 했다.

공자의 손자인 자사(子思, BC 483?~BC 402?)가 저술한 『중용』에서는 공자의 학문적 계보에 대해 다음과 같이 말한다.

仲尼 祖述堯舜 憲章文武.
중니(仲尼)께서는 요(堯)와 순(舜)을 근본으로 삼아 밝히고 설명하셨으며, 문왕과 무왕을 규범으로 삼으셨다.

- 『중용』

공자는 동이족 휴머니즘(仁) 문화의 대표적 계승자인 요임금과 순임금을 근본으로 삼아 그들의 학문을 밝히고 설명했으며 공자가 살았던 주나라 문화의 창시자인 문왕과 무왕을 당대의 규범으로 삼아 공부했다. 현재의 문화를 존중하되 근원적으로는 고대 동이족의 '인간사랑' 문화를 추구한 것이다.

공자는 이러한 작업의 선구자로 그의 스승인 노자(老子)를 지목한다. 노자는 주나라 왕실도서관에서 일하던 관리로 동이족의 고대문화에 해박했다. 그래서 공자가 노자를 찾아가 배운 것이다. 자신의 작업을 은근히 노자의 작업에 견주어본다는 것은 자신의 작업이 노자의 선구적 작업의 연장선상에 있다는 것을 나타내는 것이다. 공자와 노자의 사상은 모두 동방 고대문화의 계승이었다.

특히 양자의 사상은 황제가 전수받은 동방 고대문화의 정수가 담긴 『서경(書經)』의 「홍범(洪範)」에 근원을 두고 있다. 공자가 강조한 '대동(大同)', 노자가 강조한 '천하왕(天下王)', 맹자가 강조한 '왕도(王道)', 그리고 '오행(伍行)' 등 동양사상의 핵심이 모두 「홍범」에 뿌리를 둔 것이다. 재미있는 것은 「홍범」의 기록에 의하면 이러한 가르침을 중국의 전설적 제왕 우(禹)임금이 '천제(天帝)'에게 받았다고 주장하는 것이다. 여기서 '천제'란 동이족의 군장을 의미한다고 여겨진다. 『오월춘추』를 보면 우임금이 동이족 중 '현이(玄夷)', 즉 '주신(州愼, 조선)'의 도움으로 신서(神書)를 받았다고 주장하는 구절이 있기 때문이다.

고대문화의 핵심인 양심

그렇다면 공자가 그토록 따르고자 했던 동방의 고대문화는 어떤 내용을 가지고 있었던 것일까? 요임금이 그의 후계자인 순임금에게 전한 핵심적인 가르침 그리고 순임금이 그의 후계자인 우임금에게 전한 핵심적인 가르침에서 그 내용을 엿볼 수 있다.

堯曰 咨 爾舜 天之曆數在爾躬 允執其中 四海困窮 天祿永終
舜亦以命禹.

요임금이 이르시길, "그대 순이여! 하늘의 운수(天命)가 그대의 몸에 있으니 진실로 그 중심을 잡아야 한다. 4해의 천하

가 곤궁해지면 하늘의 봉록이 영원히 끊어지게 될 것이다."라
고 하였다. 순임금 또한 우임금에게 이것으로 명하였다.

- 『논어』「요왈(堯曰)」

요임금은 그의 후계자인 순임금에게 천하를 물려주면서 천
자(天子)가 지녀야 할 심법(心法)으로 위의 내용을 전한다. 가르
침의 핵심은 바로 '그 중심을 잡아야 한다(允執其中).'는 것이다.
이것은 과연 무슨 의미일까? 그것은 천자로서 생각과 말과 행
동의 중심을 잘 잡아 균형을 잃지 않아야 한다는 것이다.

천자는 천하를 책임지는 자리다. 자신의 욕심만을 추구해서
는 천하가 불행에 빠지게 된다. 요임금의 경고처럼 천자가 자신
의 욕심만을 추구해 소인처럼 군다면 천하는 곤궁해져서 천자
를 무너뜨리게 될 것이다. 그러니 요임금은 그런 상황을 피하고
자 한다면 위태로운 '욕심'보다는 공정한 '양심'을 따르는 삶을
살면서 늘 중심과 균형을 잘 잡으라고 충고한 것이다. 순임금은
그의 후계자인 우임금에게 천하를 물려주면서 이러한 사정을
더욱 자세히 설명한다.

人心惟危 道心惟微 惟精惟一 允執厥中.

욕심은 위태롭고 양심은 미미하다. 오직 양심을 정밀하게
밝히고 한결같이 추구해야 한다. 그래야 진실로 중심을 잡을
수 있을 것이다.

- 『서경』「대우모」

욕심(인간적인 마음인 인심, 人心)은 자신에게 이익인지 손해인지를 귀신같이 따지는 마음이다. 반면 양심(진리의 마음인 도심, 道心)은 모두에게 이익인지 손해인지를 귀신같이 따지는 마음이다. 전체의 이익은 그대로 선(善)이 되며 전체의 손해는 그대로 악(惡)이 된다. 그래서 양심을 추구하는 군자는 선을 좋아하고 악을 미워하며, 욕심을 추구하는 소인은 이익을 좋아하고 손해를 싫어하는 것이다.

그런데 자신의 이익만을 추구하다 보면 반드시 나와 남 모두에게 큰 피해를 주기 마련이다. 내가 살자고 남의 것을 취하게 되기 때문이다. 그러다 보니 남이 나를 원망하게 되어 결국 모두에게 손해가 된다. 모두에게 손해가 되는 것을 악이라고 하니, 결국 자신의 이익을 추구하다 악을 짓게 되는 것이다. 이것이 인간이 지닌 큰 문제점이다.

그러니 천하의 모든 사람을 잘 다스려야 하는 '천자'라면 무엇보다 자신의 욕심부터 다스릴 줄 알아야 한다. 그래서 언제 어디서나 모두의 이익을 위해 생각하고 말하고 행동할 수 있어야 한다. 이것을 '중심을 잡는다.'고 하는 것이다. 이렇게 볼 때 동방 고대문화의 핵심은 '양심의 계발'과 이를 통한 '천하의 경영'에 있다고 볼 수 있다. '널리 인간을 이롭게 하라.'는 홍익인간과 인은 사실 나와 남 모두를 위하는 마음인 '양심의 계발'에 의해서만 가능하기 때문이다. 공자는 그래서 평생 '양심을 밝히는 학문'을 닦는 데 모든 정력을 기울였다.

양심을 닦는 학문

그래서 공자는 단순한 박학다식을 배격한다. 공자는 단지 자신의 양심을 밝히기 위해 공부했기 때문이다. 우리의 양심은 본래 선과 악을 명확히 판단하고 있다. 그리고 늘 선을 추구하고 악을 배격한다. 인간이면 누구나 이런 양심을 갖고 있다. 공자는 이러한 양심을 더욱 잘 이해하고 표현하기 위해 평생에 걸쳐 학문을 갈고 닦은 것이다. '양심의 계발'이야말로 동방 고대문화의 핵심이다. 공자가 "나는 고대문화를 신뢰하고 좋아할 뿐이다."라고 말한 것을 기억하자. 공자는 제자인 자공에게 자신은 평생에 걸쳐 오로지 '양심의 계발'을 위해 학문했음을 다음과 같이 설명한다.

子曰 賜也 女以予爲多學而識之者與 對曰 然非與 曰非也 予一以貫之.

공자께서 말씀하시길 "자공(賜)아, 너는 내가 많이 배워서 아는 사람이라고 생각하느냐?" "그렇습니다. 아닙니까?" "아니다. 나는 오직 '하나'로 꿰뚫었을 뿐이다."

— 『논어』「위령공(衛靈公)」

자공은 공자가 선과 악, 옳고 그름을 판단하지 못함이 없는 것을 보고 그를 박학다식한 사람이라 여긴 것이다. 그러나 평생 자신의 '양심의 계발'에만 심혈을 기울인 공자는 다른 답을 내놓는다. 그건 바로 "나는 오직 하나, 즉 양심을 계발하려고 했을 뿐이다(一以貫之)."라는 말이었다. 책을 볼 때나 일처리를 할 때, 남과 인간관계를 맺을 때 늘 양심에 비추어 보고, 그 옳고 그름을 자명하게 판단한 뒤 행동하는 것이야말로 양심을 계발하는 첩경이다. 그러면 수많은 지식이 자연히 하나로 꿰어지게 되고, 언제 어디서나 나와 남 모두의 이익을 위해 행동할 수 있게 된다.

子曰 參乎 吾道 一以貫之 曾子曰 唯 子出 門人 問曰 何謂也 曾子曰 夫子之道 忠恕而已矣.

공자께서 말씀하시길 "삼(증자의 이름)아! 나의 도는 하나로 꿰뚫어져 있다."라고 하셨다. 증자가 "예!"라고 대답하였다. 공자님께서 나가신 뒤 문인들이 그 뜻을 묻자 증자가 이르길 "공자님의 도는 '서(恕)'에 충실할 따름이다."라고 하였다.

-『논어』「이인(里仁)」

공자는 제자인 증자에게 자신의 도는 오직 하나로 꿰뚫어져 있다고 말한다. 즉 자신의 학문은 오직 양심을 계발해 천하의 중심을 잡는 것임을 분명히 한 것이다. 그래서 증자는 공자의 가르침을 '서(恕)'에 충실한 것(忠恕)'이라고 정리한 것이다. '서(恕)'는 '같을 여(如)'와 '마음 심(心)'이 합해진 글자이니 '남을 나와 똑같이 여기고 사랑하는 마음'을 의미한다.

子貢問曰 有一言而可以終身行之者乎 子曰 其恕乎己所不欲勿
施於人

자공이 "한 마디 말로서 종신토록 행해야 할 것은 무엇입니
까?"라고 묻자, 공자께서 말씀하시길 "그것은 '서(恕)'이니 내가
당하기 싫은 일을 남에게 가하지 않는 것이다."라고 하셨다.

- 『논어』 「위령공」

공자는 자공에게 '서'에 대해 "내가 당하기 싫은 일을 남에
게 가하지 않는 것이다."라고 설명한다. 내가 남에게 받기 원하
지 않은 일은 남에게도 가하지 말라는 것이다. 이것이야말로
'양심의 소리'다. 이것이야말로 모든 실정법의 근거가 되는 자연
법이자 우주의 영원한 법이다. 이 양심의 소리에 충실히 따르는
것이 바로 '서'다. 그리고 이러한 '서'를 충실히 하는 것이야말로
공자가 평생 일이관지로 추구한 최고의 학문이다. 그래서 공자
의 충실한 계승자인 맹자도 다음과 같이 말한 것이다.

孟子曰 仁 人心也 義 人路也 舍其路而弗由 放其心而不知求
哀哉 人有雞犬 放則知求之 有放心 而不知求 學問之道無他 求其
放心而已矣.

맹자께서 말씀하시길 "사랑은 인간의 마음이며 정의는 인
간의 길이다. 그 길을 버려 말미암지 않고, 그 마음을 잃고 구
하지 않으니 슬프도다! 사람들은 소유하던 닭과 개를 잃어버리
면 찾을 줄 안다. 그러나 본심을 잃어버리고는 찾을 줄 모른다.

학문의 길은 다른 것이 아니라 오직 그 잃어버린 '양심(本心)'을 다시 찾는 것일 뿐이다."라고 하셨다.

－『맹자』「고자(告子) 상」

진정한 학문의 즐거움

『논어』의 첫 번째 구절도 이러한 의미로 이해되어야 한다.

子曰 學而時習之 不亦說乎 有朋自遠方來 不亦樂乎 人不知而不慍 不亦君子乎.

공자께서 말씀하시길 "배우고 때때로 익히면 또한 기쁘지 아니한가? 벗이 있어 멀리서 방문하면 또한 즐겁지 아니한가? 남이 알아주지 않아도 성내지 않으면 또한 군자답지 아니한가?"라고 하셨다.

－『논어』「학이(學而)」

공자는 우선 '배움(學)'과 '익힘(習)'을 나눈다. 배운다는 것은 남에게 '정보'를 듣고 '기술'을 배우는 것이다. 배우기만 한 정보나 기술은 자신의 것이 아니다. 아직까지 소화가 되지 않았기 때문이다. 그래서 '익힘'이 필요하다. 익힘은 새가 날마다(白은 원래 갑골문에서 日이었음.) 날갯짓(羽)을 하면서 나는 법을 익히는 것을 말한다. 새는 본래 날 수 있는 '선천적 능력'이 있다. 그러나 '후천적 교육'이 없으면 날 수가 없다. 그래서 새는 날마다 스스로 날 수 있도록 익히고 또 익히는 것이다.

공자는 인간도 마찬가지라고 보았다. 공자가 평생을 통해 일이관지하며 즐긴 학문은 바로 '양심을 밝히는 학문'이었다. 공자는 인간이면 누구나 도덕을 실천할 수 있는 선천적 능력(양심)이 있다고 보았다. 그러나 후천적 교육이 아니면 그러한 잠재성은 계발되지 않는다고 본 것이다. 그래서 양심을 두루 밝힌 스승을 찾아가 '배움'을 얻고 양심을 어떻게 계발하는지에 대한 정보와 기술을 충분히 배운 뒤, 스스로 '익힘'을 통해 그것을 온전히 자신의 것으로 만든 것이다. 자신의 선천적 양심이 후천적으로 계발됨에 따라 안에서 샘솟듯 터져 나오는 '학문의 희열', 이것이야말로 공자가 평생에 걸쳐 추구한 즐거움이다.

그러나 학문은 나눌수록 더욱 즐거워지는 법이다. 자신의 양심을 밝히는 학문 닦기를 즐기는 이들은 서로 벗(朋)이 된다. 그러니 벗이란 단순히 알고 지내는 친구가 아니라 학문의 즐거움을 공유하는 동지들이다. 자신의 양심을 조금씩 계발하는 미묘한 즐거움을 공유하는 이들이 바로 진정한 벗이다. 그런데 학문의 즐거움을 공유하는 벗끼리 만나지 않을 수 있을까? 결국 반드시 찾아가 만나게 된다. 자신만이 아는 이 미묘한 맛을 공유할 벗이 있기 때문이다. 멀리서 찾아온 이 벗을 만나는 즐거움은 또 얼마나 클까? 그동안 남과 나누지 못한 이 즐거움을 나누며 긴 밤을 지새웠을 것이다. 직접 만나 서로 얻은 즐거움을 공유하다 보면 그 즐거움은 배가 되었을 것이다.

그런데 세상에 이런 동지만 있는 것은 아니다. 실제로는 "양심은 어디 쓰는 물건이냐?"하면서 무시하고 돈과 명예, 성공만을 추구하는 소인배들이 대부분이다. 이런 사람들이 학문의 즐거움을 인정해주지 않으면 참으로 속상하고 화가 날 일이다. 그러나 학문의 즐거움이 매우 큰 사람은 그러한 것에도 개의치 않을 것이다. 남이 알아주건 알아주지 않건 이미 즐겁기 때문이다. 늙는 것도 모를 정도로 즐겁기 때문이다. 이 정도로 학문을 즐기는 이라면 군자라 아니할 수 없다. 이러한 즐거움이야말로 『논어』에서 "그 즐거움을 고칠 수 없다(不改其樂, 『논어』「옹야雍也」)."고 말한 그런 즐거움일 것이다.

양심계발의 단계

양심의 다섯 가지 덕목

양심을 밝히는 학문이야말로 동방 고대문화의 정수다. 그리고 이러한 학문의 목표는 생각과 말, 행동의 중심을 잘 잡아 널리 천하를 잘 다스리는 경지에 이르는 것이다. '널리 인간을 이롭게 하라(弘益人間).'고 가르친 환웅과 단군의 가르침도 바로 이것이며 공자가 평생 추구한 학문도 바로 이것, '양심의 계발'이다. 그렇다면 이러한 양심은 구체적으로 어떤 덕목을 갖추고 있을까?

『서경』의 「홍범」을 보면 동방의 고대문화는 만물을 ①물(水) ②불(火) ③나무(木) ④쇠(金) ⑤흙(土)의 다섯 가지 요소로 분

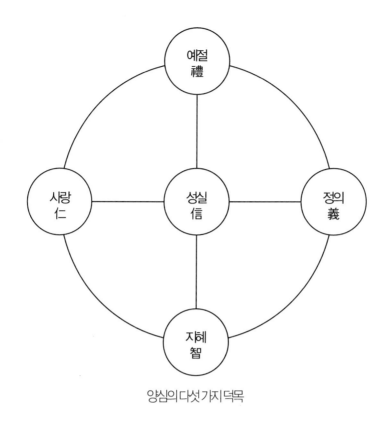

양심의 다섯 가지 덕목

류한다. 동방의 전승은 5행설에 근거해 '양심의 다섯 가지 덕목'을 꼽는데 ①사랑(仁, 木) ②정의(義, 金) ③예절(禮, 火) ④지혜(智, 水) ⑤성실(信, 土)이 그것이다. 이 고대의 전승에 대해 『주역』「문언전(文言傳)」에서는 다음과 같이 전한다.

元者 善之長也 亨者 嘉之會也 利者 義之和也 貞者 事之幹也
君子體仁 足以長人 嘉會 足以合禮 利物 足以和義 貞固 足以幹事
君子行此四德者.
①으뜸(元)은 선함의 어른이며, ②형통함(亨)은 아름다운 것의 모임이고 ③이로움(利)은 정의가 조화를 이룬 것이며, ④올곧음(貞)은 일의 줄기가 된다. 군자가 ①사랑(仁)을 체득하면

족히 사람들의 어른이 되며, ②아름다운 것을 모으면 족히 예절(禮)과 합하고, ③만물을 두루 이롭게 하면 족히 정의(義)를 조화롭게 한 것이며, ④올바름을 견고하게 하면 족히 일을 주관할(智) 수 있다. 군자는 이 네 가지 덕을 행하는 자다.

- 『주역』

이 덕목들은 동방 고대문화의 핵심적인 내용들로 공자가 태어나기 이전부터 전해지던 것들이다. 공자는 이 양심의 덕목들을 온전히 구현하고자 평생을 노력했다. 공자가 갖춘 다섯 가지 덕목을 보더라도 근원적으로는 '인의예지(仁義禮智)'의 덕목에 근거했음을 잘 알 수 있다.

子禽問於子貢曰 夫子至於是邦也 必聞其政 求之與 抑與之與, 子貢曰 夫子溫良恭儉讓以得之 夫子之求之也 其諸異乎人之求之與.

자금(子禽)이 자공(子貢)에게 묻기를 "공자께서 이 나라에 이르심에 반드시 정사를 들으시니 스스로 구하신 것입니까? 아니면 남들이 자발적으로 그러한 기회를 제공하는 것입니까?"라고 하였다. 자공이 대답하기를 "공자께서는 '온화함'과 '선량함', '공손함'과 '단속함'과 '겸손함'으로 정사를 듣게 되신 것이다. 공자께서 구하신 것은 다른 사람의 구함과는 차이가 있다."라고 하였다.

- 『논어』「학이」

자공은 자금에게 공자에게 수많은 정치인들이 찾아오는 것은 그에게 성인이 지니는 다섯 가지 덕목이 있기 때문이라 답한다. 그것은 바로 ①온화함(溫) ②선량함(良) ③공손함(恭) ④단속함(儉) ⑤겸손함(讓)이다. '온화함'이란 나와 남을 두루 사랑하고 포용하는 관대한 마음이니 '사랑'을 갖춘 마음이며, '선량함'이란 선을 좋아하고 악을 피하는 '지혜'를 갖춘 마음이다. '공손함'과 '겸손함'이란 자신을 낮추어 남을 배려하고 전체적인 질서와 조화를 추구하는 마음이니 '예절'을 갖춘 마음이며, '단속함'이란 자신의 욕망을 단속해 남에게 피해를 주지 않도록 절제하는 것이니 '정의'를 갖춘 마음이다. 그리고 이 다섯 가지 덕목이 늘 한결 같은 것은 '성실'을 갖춘 마음이다. 양심의 다섯 가지 덕목 중 '성실'은 생략되는 경우가 많은데, 그것은 앞의 네 가지 덕목을 늘 한결같이 지키고 실천하는 것이 '성실'이기 때문이다. 그래서 맹자도 인의예지의 '4단(端)'만을 말하였다. 이러한 성인의 덕목들은 공자의 스승인 노자 또한 강조한 것이다.

我有三寶 持而保之 一曰慈 二曰儉 三曰不敢爲天下先.

나에게는 세 가지 보물이 있으니 잘 챙겨서 보호한다. 첫째는 '자애로움'이고, 둘째는 '단속함'이며, 셋째는 '감히 천하에 앞서지 않음'이다.

ー『노자』

노자의 세 가지 보물 중 '자애로움(慈)'은 바로 '온화함(溫)'이니 남을 나처럼 여기는 '사랑(仁)'을 갖춘 마음이다. 그리고 '단속함(儉)'은 앞에서 말한 것처럼 자신의 욕망을 절제해 남에게 피해를 주지 않는 '정의(義)'를 갖춘 마음이다. 마지막으로 '감히 천하에 앞서지 않음(不敢爲天下先)'은 자신을 낮추는 마음이니 '예절(禮)'을 갖춘 마음이다. 또 이 세 가지가 보물인 줄 아는 것은 선과 악을 변별하는 '지혜(智)'를 갖춘 마음이며, 세 가지 보물을 잘 챙겨 보호하는 것은 늘 한결 같은 '성실(信)'을 갖춘 마음이다. 노자의 핵심사상인 '무위자연(無爲自然)'이라는 것도 욕심을 버리고 양심 그대로 살아가자는 것에 불과하다. 이렇듯 공자와 노자의 가르침은 하나로 통한다. 왜냐하면 그들 모두 동방의 고대문화를 연구해 그 정수를 체득한 철인들이었기 때문이다.

맹자가 밝히는 양심의 덕목

공자의 사상을 그대로 이어받은 맹자는 '양심의 덕목'에 대해 다음과 같이 주장했다.

所以謂人皆有不忍人之心者 今人乍見孺子將入於井 皆有怵惕惻隱之心 非所以內交於孺子之父母也 非所以要譽於鄉黨朋友也 非惡其聲而然也 由是觀之 無惻隱之心 非人也 無羞惡之心 非人也 無辭讓之心 非人也 無是非之心 非人也.

사람에게 '남에게 참을 수 없는 마음'이 있다고 하는 것은, 사람이 갑자기 어린아이가 우물로 들어가려는 것을 보면 깜짝 놀라고 측은해 하는 마음을 갖게 되니 이는 부모와 교분을 갖고자 하는 것도 아니고, 동네나 친구에게 명성을 구해서도 아니며 잔인하다는 소문이 싫어서도 아니기 때문이다. 이로 말미암아 볼 때 '측은지심'이 없으면 사람이 아니며, '수오지심'이 없으면 사람이 아니며, '사양지심'이 없으면 사람이 아니며, '시비지심'이 없으면 사람이 아니다.

- 『맹자』 「공손추 상」

맹자는 인간이 ①'남에 대한 공감능력' 즉 '측은지심(惻隱之心)'과 ②'부당한 일을 보면 혐오하며 자신의 잘못에 부끄러워하는 정의감'인 '수오지심(羞惡之心)', ③'나를 낮추어 남과 조화를 이루는 겸손함'인 '사양지심(辭讓之心)', ④'옳고 그름을 구별할 줄 아는 판단능력'인 '시비지심(是非之心)'을 본래 타고난다고 보았다. 이러한 맹자의 주장은 요즘 아이들에 대한 여러 실험을 통해서도 확인되고 있다.

맹자는 이러한 인간의 선천적인 도덕능력을 '양심(良心)'이라고 불렀다. 이는 『서경』에서 주장하는 '도심(道心)'에 해당하는 마음이다. '양심'이라는 말은 맹자가 처음 쓴 표현으로, 본래 이 네 가지의 '선천적 도덕능력'을 지칭하는 것이었다. 요즘에는 양심을 흔히 후천적으로 교육시켜야 하는 무엇으로 생각하는 경향이 있다. 그러나 맹자가 말한 양심은 전혀 다르다. 맹자는 후천적인 교육에 물들기 이전에 정상적인 인간이면 누구나 갖춘 선천적 도덕능력을 양심이라고 보았다.

'양심'은 정상적인 인간이라면 남을 향해 그런 마음이 일어나는 것을 참을 수가 없는 마음이다. 위의 사례처럼 어린아이가 우물에 빠지는 것을 보면 아무리 악한 사람이라도 순간적으로 놀라 그 상황의 심각성에 대해 공감하는 것을 스스로 막을 수 없다는 것이다. 자신에게 어떤 이익이나 불이익이 없다고 하더라도 말이다. 또 인간은 손해를 보더라도 사회에 정의가 집행되기를 원한다. 그것도 막을 수가 없다. 이 부분을 놓고 맹자는 '성선설(性善說)'을 주장한 것이다.

> 惻隱之心 仁之端也 羞惡之心 義之端也 辭讓之心 禮之端也
> 是非之心 智之端也.
>
> 측은지심은 '사랑(仁)'의 단서요, 수오지심은 '정의(義)'의 단서요, 사양지심은 '예절(禮)'의 단서요, 시비지심은 '지혜(智)'의 단서다.
>
> ─『맹자』「공손추 상」

밖으로 드러난 양심을 단서로 관찰해 볼 때 우리의 본성(性), 즉 '선천적 프로그램'은 네 가지 명령어를 갖추고 있음을 알 수 있다. ①'측은지심'을 단서로 우리의 본성에 '사랑(仁, 나와 남을 하나로 보라.)'의 명령어가 있음을 알 수 있으며, ②'수오지심'을 단서로 우리의 본성에 '정의(義, 양심에 부끄러운 짓을 하지 마라.)'의 명령어가 있음을 알 수 있다. ③'사양지심'을 단서로 우리의 본성에 '예절(禮, 남에게 무례하게 굴지 마라.)'의 명령어가 있음을 알 수 있으며, ④'시비지심'을 단서로 우리의 본성에 '지혜(智, 옳고 그름을 분명히 구별하라.)'의 명령어가 있음을 알 수 있다. 이 네 가지가 바로 우리의 '선한 본성'이자 '양심의 덕목'이다. 인간에게는 선천적으로 이러한 프로그램이 깔려 있는 것이다. 그래서 맹자는 다음과 같이 말했다.

君子所性仁義禮智 根於心 其生色也 睟然見於面 盎於背 施於四體.

군자가 본성으로 삼는 '인의예지(仁義禮智)'는 '마음'에 뿌리를 둔 것으로 그 형색을 나타냄에 있어 얼굴에서는 훤하게 드러나고, 등에서는 풍성하게 드러나며, 사지(四肢)에서는 실제로 시행된다.

– 『맹자』「진심(盡心) 상」

서울에 새겨진 양심의 덕목

앞의 네 가지 양심의 덕목에 맹자가 생략한 '성실(信)'을 더하면 다섯 가지 덕목이 된다. 인간의 오염되지 않은 순수한 마음인 '양심'은 크게 다섯 가지 덕목으로 나누어 볼 수 있는 것이다. 이를 5행의 배치에 맞게 그려보면 다음 그림과 같다.

전통적으로 동양은 북쪽을 아래에, 남쪽을 위에 놓고 5행을 그런다. 그리고 어두운 북쪽을 등지고 밝은 남쪽을 보는 것을 상정한 뒤 방위를 정한다. 그러다보니 자연히 좌측이 해가 뜨는 동쪽이 되며 우측이 해가 지는 서쪽이 된다.

양심의 덕목 중 ①'사랑(仁)'은 남을 나와 똑같이 아껴주는 것이니 계절 중에는 생기(生氣)가 충만한 '봄'과 상응하며, 방위 중에는 해가 뜨는 '동쪽'과 상응한다. ②'정의(義)'는 추상같은 냉정함으로 불의를 바로잡는 것이니 결실을 맺는 '가을'과 상응하며, 해가 지는 '서쪽'과 상응한다. ③'예절(禮)'은 속마음을 모두가 알아보도록 밖으로 표현하는 것이니 만물이 자신의 모든 것을 드러내는 '여름'에 상응하며, 해가 훤히 뜨는 '남쪽'과 상응한다. ④'지혜(智)'는 밖으로 드러냄 없이 속마음으로 옳고

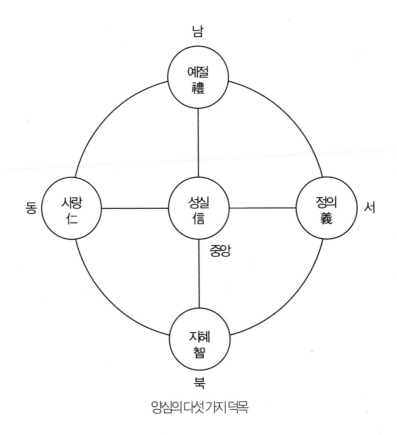

양심의 다섯 가지 덕목

그름을 판단하는 것이니 만물이 모습을 감추고 씨앗으로 저장되는 '겨울'에 상응하며, 가장 춥고 어두운 '북쪽'에 상응한다. ⑤'성실(信)'은 위의 네 가지 덕목을 늘 성실하게 실천하는 것이니 사계절의 모든 곳에 스며들어 있으며, 가장 중심이 되는 '중앙'에 해당한다.

우리의 마음에는 누구나 이 선천적인 프로그램이 깔려 있다. 그래서 우리는 불쌍한 사람을 보면 측은해 하며(사랑), 잘못된 것을 보면 공분하고(정의), 남과 조화를 이루려 하고(예절), 옳고 그름을 분명히 변별하는 것이다(지혜). 그리고 이 네 가지 양심의 발동은 언제나 한결같은 것이다(성실). 우리 조상들은 이 양심의 덕목, 즉 '인간의 본성'을 우리나라의 수도인 서울에 새

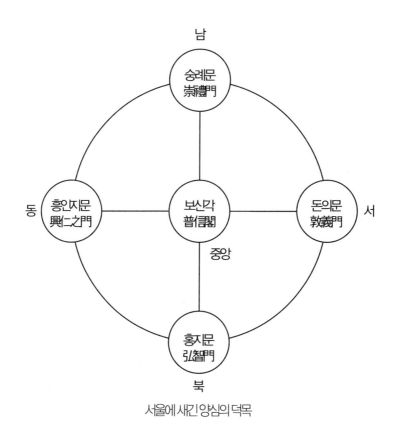

서울에 새긴 양심의 덕목

겨놓았다. 서울의 '4문'과 중앙의 '보신각'이 그것이다.

①동쪽으로는 봄처럼 훈훈한 '사랑(仁)'을 흥기시키라고 '흥인지문(興仁之門)'이라 이름 지었고, ②서쪽으로는 가을처럼 추상같은 '정의(義)'를 돈독하게 하라고 '돈의문(敦義門)'이라 이름 지었다. ③남쪽으로는 여름처럼 화려한 '예절(禮)'을 숭상하라고 '숭례문(崇禮門)'이라 이름 지었고, ④북쪽으로는 겨울처럼 은밀한 '지혜(智)'를 넓히라고 '홍지문(弘智門)'이라 이름 지었다(사대문 중 북문은 숙정문肅靖門이지만 후대에 홍지문을 추가로 지었다). ⑤그리고 중앙에는 '성실(信)'을 상징하도록 '보신각(普信閣)'이라고 이름을 지었다. 우리의 양심을 그대로 문과 종각에 새겨놓은 것이다. 이것들을 보면서 늘 우리 마음의 양심을 잊지 말아야 하겠다.

양심이 계발되는 여섯 가지 단계

공자가 일생에 걸쳐 공부한 학문은 바로 이 '양심의 다섯 가지 덕목'을 마음과 몸으로 온전히 구현하는 것이었다. 인간이면 누구나 이 '선천적인 도덕능력'을 갖추고 있지만 그것을 온전히 발휘하고 사는 것은 성인(聖人)의 경지에 이르러야만 가능하다. 공자는 일생 동안 양심을 온전히 계발해 성인의 경지에 이르고자 노력했다.

子曰 吾十有五而志于學 三十而立 四十而不惑 五十而知天命

六十而耳順 七十而從心所欲不踰矩.

공자께서 말씀하시길 "나는 ①15세에 학문에 뜻을 세웠고, ②30세에 학문이 확립되었으며, ③40세에 학문에 의혹이 없어졌고, ④50세에 하늘의 명령을 알게 되었으며, ⑤ 60세에 하늘의 명령을 잘 듣고 따르게 되었고, ⑥70세에 마음이 원하는 대로 하여도 법도(하늘의 명령)에 어긋나는 법이 없었다"라고 하셨다.

– 『논어』 「위정(爲政)」

『논어』에서 공자는 학문의 발전단계를 나이에 견주어 설명하고 있다. 공자에게 있어 학문이란 '양심을 밝히는 학문'이니, 이는 그대로 '양심발달의 여섯 가지 단계'가 된다. 공자가 "아래에서 배워 위로 통한다(下學而上達, 『논어』 「헌문憲問」)"고 말했듯 ①~⑥의 발달단계는 크게 둘로 나뉜다. ①~③은 양심을 밝히는 '학문'이 깊어져 가는 단계이며(하학下學), ④~⑥은 양심의 근원인 '천명'과 하나로 통하는 단계다(상달上達).

양심을 밝히는 학문이 깊어지는 단계

옛날 15세의 나이는 인격의 기본소양을 닦는 '소학(小學)'을 마치고 '대학(大學, 태학)'에 들어가는 나이였다. 그래서 공자는 15세를 '학문에 뜻을 세우는 나이'라고 본 것이다. 대학에서 배우는 학문은 무엇이었을까? 대학은 나라를 경영할 인재를 배양하는 곳이다. 따라서 대학에서 배우는 학문은 양심을 온전히 계발해 나를 닦고 남을 다스리는 '수기치인(修己治人)'의 실질적 능력을 배양하는 것이다.

'인의예지(仁義禮智)'의 덕목을 갖춘 우리의 양심을 온전히 계발할 수 없다면 '수기치인'은 불가능하다. 나와 남을 둘로 보지 않는 마음인 '측은지심(惻隱之心)'을 배양하고, 양심에 걸리는 일을 혐오하는 '수오지심(羞惡之心)'을 배양하며, 나와 남의 조화를 추구하는 '사양지심(辭讓之心)'을 배양하고, 옳고 그름을 명확히 분별하는 '시비지심(是非之心)'을 배양하여 수기치인의 능력을 배양하는 것이 대학의 학문이다. 그래서 15세에 진정으로 '양심을 밝히는 학문'에 뜻을 확립하게 된 것이다(입지立志).

30세가 되면 대학을 졸업하고 사회에 진출하는 나이가 된다. 이것은 '양심을 밝히는 학문'이 확립되었다는 것이다. 그래서 30세를 '학문이 확립된 나이'라고 본 것이다. 대학을 졸업할 나이가 되었으니 양심에 따라 나와 남을 경영하는 학문의 뼈대가 확립된 것이다. 그러나 양심을 밝히는 학문은 사회에 나가 실전경험을 쌓을 때 온전해지고 정밀해진다. 그래서 40세를 '의혹이 없는 나이'라고 하는 것이다. 이제 그는 일상의 모든 문제에서 양심에 부합하는 '선(善)'과 양심에 어긋나는 '악(惡)'을 선명히 구분해 볼 수 있게 된 것이다. 그런데 지금까지는 일상에 나아가 양심을 익히는 '하학(下學)'의 단계였다. 이제 '양심공부'는 양심의 뿌리인 '천명'과 하나로 통하는 '상달(上達)'의 경지로 나아가게 된다.

양심의 근원인 천명에 통하는 단계

　양심은 가장 자연스러울 때 그 극치에 이르게 된다. 자연이 인간에게 준 그대로 발현될 때 가장 참되고 선하고 아름다울 수 있는 것이다. 그래서 이제 '양심의 계발'은 인위적 불순물을 털고 자연 그 자체가 되는 단계로 나아간다. 50세는 옛날로 보면 고위 관료에 진출하는 나이이다. 50세는 '천명(天命)을 아는 나이'이니 양심의 소리, 즉 천명을 그냥 알게 되는 단계다. 학문이 익어 머리로 따지지 않더라도 매사에 '사랑(仁)·정의(義)·예절(禮)·지혜(智)·성실(信)'에 부합하고 부합하지 않음을 절로 아는 단계인 것이다. 이제 '양심의 계발'은 자연스러워지기 시작한다. 그러나 아직 끝은 아니다. 이 단계는 천명을 알기는 하나 그대로 실천하지는 못하는 경지다.

　60세는 국가의 원로가 될 나이이다. 60세는 '천명을 잘 듣고 따르는 나이'이니 매사에 옳고 그름을 분명히 알고 그대로 따르고자 노력하는 단계다. 여기서 '이(耳)'는 귀를 의미하는 것이 아니라 '잘 듣고 따른다'는 의미이며, '순(順)'은 '순종한다'는 의미다. 그런데 이 단계는 아직 '천명'과 '마음'이 둘로 나누어져 있는 단계다. 그래서 이 '마음'을 가지고 저 '천명'을 따르고자 노력하는 것이다. 아직 분열이 있는 것이다.

　70세는 국가경영에서 은퇴할 나이이다. 70세가 되면 '마음'과 '천명'이 하나로 통합된다. 그래서 70세를 '마음이 원하는 대로 하여도 천명에 어긋나지 않는 나이'라고 한 것이다. 이 경지야말로 '양심계발의 극치'가 되는 성인의 단계다.

　　誠者 不勉而中 不思而得 從容中道 聖人也.
　　정성스러운 자는 힘쓰지 않아도 적중하고, 생각하지 않아도
답을 알아내며, 언제 어디서나 차분하고 침착하게 중도(中道)
를 걸으니 바로 성인이시다.
　　　　　　　　　　　　　　　　　　　　　　　－『중용』

　　매사에 '사랑(仁)·정의(義)·예절(禮)·지혜(智)·성실(信)'에 부합
하고 부합하지 않음을 절로 아는 것은 물론 이를 온전히 실천
하는 단계인 것이다. 언제 어디서나 양심의 소리, 즉 천명에 따
라 나와 남을 경영할 수 있게 된 것이다. 이상을 통해 살펴볼
때, 내면의 '양심의 소리'를 하나하나 밝혀 나가고, 더 나아가
'우주의 명령'과 온전히 하나로 통하는 것이 공자가 생각한 '양
심의 계발'의 뼈대다.

현대의 도덕성 발달이론

　　현대의 대표적인 도덕성 발달이론은 미국 심리학자 로렌스
콜버그(Lawrence Kohlberg, 1927~1987)의 '도덕성 발달단계'다. 콜버
그의 도덕성 발달단계는 크게 일곱 가지 단계로 나뉜다.
　　1단계는 자신에게 올 피해를 꺼려 규칙을 준수하는 '벌·복
종의 단계'이며, 2단계는 보상과 이익을 받고자 규칙을 준수하

는 '욕구 충족의 단계'이며, 3단계는 칭찬과 인정을 받는 것을 무엇보다 중시하는 '대인간 조화의 단계'다. 4단계는 사회적 규칙의 준수 그 자체를 무엇보다 중시하는 '법·질서 준수의 단계'이며, 5단계는 규칙의 이면까지 살펴 규칙이란 본래 다수의 이익을 위해 제정된 사회계약으로 보는 '사회계약의 단계'이며, 6단계는 규칙을 넘어 양심과 정의를 중시하는 '보편적 윤리의 단계'이며, 7단계는 우주적 질서와의 합일을 이룬 '우주영생의 단계'다.

『논어』에서 말하는 공자의 '양심의 발달단계'는 콜버그의 단계론으로 볼 때 6단계에서 시작해 7단계로 나아가는 과정에 해당한다. 공자는 콜버그가 말하는 그 이전의 도덕성 발달단계는 '소학'의 과정에 해당된다고 본 것이다. 콜버그는 극히 소수의 사람들에게만 6단계에 도달하는 것이 가능하다고 보았다. 그래서 그는 극소수에게만 해당하는 단계를 보편적으로 인정했다는 이유로 비판을 받기도 했다. 그러나 『논어』에서는 그러한 높은 경지도 인간이면 누구나 학습을 통해 가능하다고 본다. 인간인 이상 양심이 없는 경우는 없으므로 양심을 체계적으로 계발하기만 하면 누구나 콜버그가 말하는 6단계를 넘어 7단계의 우주적 경지로 나아갈 수 있다고 본 것이다.

양심적 리더 군자

군자의 길

『논어』에서는 양심을 가장 온전하게 밝힌 존재를 '성인(聖人)'이라 한다. '성(聖)'이란 하느님의 명령(天命), 즉 '양심의 소리'를 남보다 잘 듣고(耳, 들을 이) 남에게 잘 설명해주는(口, 말할 구) 탁월한 존재(壬, 성대할 임)를 의미한다. 공자가 자신을 가리켜 "나는 다만 진리를 배움에 싫증내지 않고, 진리를 가르침에 게으르지 않을 뿐이다."라고 말한 것이야말로 성인을 지향한 그의 일생을 축약한 말이었던 것이다.

그러나 공자 자신은 절대로 성인을 자처하지 않았다. 늘 자신의 양심을 온전히 밝히려 노력하고, 남에게 양심의 길을 제시하는 데 게으르지 않았을 뿐이다. 사실 성인의 삶을 살 뿐 스스로를 성인으로 자처하지 않는 경지야말로 진정한 성인의 경지일 것이다. 공자는 '인격의 완성자'인 이러한 성인이 되기 위해 양심을 닦아가는 존재를 '군자(君子)'라고 불렀다. 군자는 '君(임금 군)'자를 쓴 것에서 알 수 있듯 'Leader'라는 의미다. 그러나 보통 리더가 아니라 '양심적 리더'다. 먼저 양심을 밝혀 자신을 닦고(修己), 남을 자신처럼 사랑하고 도와주는(治人) 리더가 바로 군자다.

군자는 고차원의 욕구를 지닌 자

子曰 君子食無求飽 居無求安 敏於事而愼於言 就有道而正焉 可謂好學也已.

공자께서 말씀하시길 "군자가 음식을 먹음에 배부름을 구하지 않으며, 거처함에 편안함을 구하지 않으며, 일을 실천함에 있어서 민첩하고 말을 삼가며, 도(道)가 있는 이에게 나아가 바로잡는다면 가히 학문을 좋아한다고 이를만하다."라고 하셨다.

- 『논어』 「학이」

미국의 심리학자 매슬로(Abraham H. Maslow, 1908~1970)는 인간에게 다섯 가지 욕구가 있다고 한다. 그것은 하위단계에서 상위단계로 나아가는데 ①생리적 욕구 ②안전 욕구 ③애정과 소속의 욕구 ④존중의 욕구 ⑤자아실현의 욕구가 그것이다. 인간

49

이면 누구나 생리적 욕구와 같은 저차원적 욕구에서부터 자아실현의 욕구와 같은 고차원의 욕구를 갖고 있다. '욕심'을 추구하는 소인들은 주로 저차원적인 욕구를 충족시키려 한다. 반면 '양심'을 추구하는 군자는 주로 진(眞, 진리)·선(善, 선함)·미(美, 아름다움)를 추구하는 자아실현의 욕구를 충족시키려고 한다.

상위의 욕구가 강한 사람은 하위의 욕구를 쉽게 만족시킨다. 공자가 자신은 학문을 즐길 때 배고픔이나 근심을 잊는다고 한 것이 바로 그러한 예다. 그래서 군자는 식욕이나 편안한 거처에 대한 욕구와 같은 생리적 욕구에 크게 휘둘리지 않는다. 대신 진선미의 근원인 양심을 이해하고 실천하는 것에 가장 강한 욕구를 느낀다. 그래서 양심을 실천할 때는 아주 민첩해 스승에게도 양보하지 않으며, 말이 양심에 맞는지 늘 조심하며, 양심을 얻은 이에게 나아가 자신을 바로잡고자 한다. 이것이 '양심의 계발'을 진심으로 추구하는 군자의 모습이다. 이런 군자야말로 '양심의 학문'을 참으로 좋아하는 사람이다. 공자가 평생 걸은 길이 '군자의 길'이라는 사실도 바로 이 부분에서 알 수 있다. 다음과 같은 구절도 바로 이러한 사정을 말한 것이다.

子曰 士志於道 而恥惡衣惡食者 未足與議也.
공자께서 말씀하시길 "도에 뜻을 두고도 나쁜 옷과 나쁜 음식을 부끄러워하는 자는 더불어 도를 의논할 수 없다."라고 하셨다.

— 『논어』 「이인」

군자와 소인의 구별

앞에서 이야기했지만 소인(小人)이 오로지 자신의 이익을 추구하는 것과 달리 군자는 모두의 이익, 즉 선(善)을 추구한다. 그래서 소인은 '욕심'을 추구하는 존재이며, 군자는 '양심'을 추구하는 존재다. 『논어』에서는 많은 구절에서 이 군자와 소인을 대비시키며 군자를 지향할 것을 권한다. '양심의 만족'을 추구하는 군자와 '욕심의 만족'을 추구하는 소인은 그 마음과 행동이 판이하게 다를 수밖에 없기 때문이다.

> 子曰 君子喩於義 小人喩於利.
> 공자께서 말씀하시길 "군자는 정의에 밝고 소인은 이익에 밝다."라고 하셨다.
>
> — 『논어』 「이인」

군자는 '자신이 당하기 싫은 것을 남에게 가하지 말라'는 양심의 요구를 충족시키고자 노력하기에 늘 정의에 밝다. 그러나 소인은 자신의 욕심만을 추구하기에 매사에 무엇이 자신에게 이익인가에 밝다. 군자는 누군가에게 피해가 가는 것을 귀신같이 알아차리며, 소인은 자신에게 피해가 가는 것을 귀신같이 알아차린다.

> 子曰 君子泰而不驕 小人驕而不泰.

공자께서 말씀하시길 "군자는 태연하되 교만하지 않으며,
소인은 교만하되 태연하지 못하다."라고 하셨다.

-『논어』「자로(子路)」

　군자는 늘 이러한 '양심의 요구'를 충족시키는 삶을 살기에
양심에 가책 되는 것이 없어 늘 태연할 수 있다. 그렇다고 결코
내가 남보다 낫다는 교만심을 품지 않는다. 그러한 교만은 내
가 남에게 당하기 싫은 일이기 때문이다. 남이 나에게 교만하
게 구는 것이 싫다면 나도 남에게 교만하게 굴어서는 안 되지
않겠는가? 물론 소인은 반대로 늘 남에게 교만하지만 속으로는
죄책감 때문에 전전긍긍한다. 양심에 위배해 살아가니 마음이
불편할 수밖에 없는 것이다.

　'통증'이 우리의 건강을 지켜주는 신호이듯 '찜찜함'은 양심
의 건강을 지켜주는 신호다. 통증을 무시하다가는 큰 병으로
이어지듯 양심의 불편함을 무시하다가는 큰 재앙을 만나게 된
다. 군자는 자신의 내면에서 들려오는 '양심의 소리'에 늘 귀를
기울이고 적절하게 반응하는 사람이다. 그러니 내면의 불편함
을 방치하지 않는다. 그 찜찜함이 아무리 미세하더라도 반드시
살펴보고 적절한 조치를 취한다. 그래서 늘 태연하고 여유로울
수 있는 것이다.

　孔子曰 君子有三畏 畏天命 畏大人 畏聖人之言 小人不知天命
　而不畏也 狎大人 侮聖人之言.

공자께서 말씀하시길 "군자에게는 '세 가지 두려움'이 있다. ①'하늘의 명령'을 두려워하며, ②하늘의 명령을 따르는 '대인'을 두려워하며, ③하늘의 명령에 합치하는 '성인의 말씀'을 두려워한다. 자신의 이익만 아는 소인들은 ①'하늘의 명령'을 알지 못하니 두려워하지 않고, ②'대인'을 업신여기고, ③'성인의 말씀'을 깔본다."라고 하셨다.

– 『논어』 「계씨(季氏)」

군자는 자신의 내면에서 들려오는 하느님의 명령(天命), 즉 '양심의 소리'를 늘 두려워하여 따른다. 그래서 오히려 마음이 늘 태연할 수 있다. 양심의 사소한 찜찜함도 그대로 방치하지 않고 바로잡기 때문이다. 그래서 군자는 자신보다 앞서 이 길을 걸어간 양심의 달인인 '대인(大人)'을 경외한다. 또 양심을 온전하게 구현했던 성인이 남긴 '말씀'을 두려워해 따르고자 노력한다.

소인은 당연히 그 반대로 행동한다. 자신에게 이익이 되는 것에만 관심이 있기 때문에 자신의 '욕심의 소리'에만 예민하고, 천명 즉 '양심의 소리'에는 둔감하다. 그래서 양심에 따라 사는 대인을 무시한다. 그리고 양심을 따르도록 우리를 인도하는 성인들의 가르침을 깔보며 조롱한다. "그것이 무슨 이익이 되겠느냐?"라고 하면서 말이다. 이것이 군자와 소인의 구분점이다.

사랑(仁)

네 가지가 없던 공자

　이제 『논어』를 통해 공자가 평생에 걸쳐 추구한 '양심을 밝히는 학문'을 배워보도록 하자. 어떻게 하면 우리 양심에 새겨진 '인의예지의 본성'을 생각과 말과 행동으로 온전히 구현할 수 있을까? 먼저 양심의 덕목 중 나머지 덕목을 총괄하는 가장 중요한 덕목, '사랑(仁)'을 배양하는 법에 대해 살펴보자.

　　子絶四 毋意 毋必 毋固 毋我.
　　공자님께서는 네 가지가 일체 없으셨다. ①이런저런 '잡념'이 없으셨고, ②반드시 이러해야 한다는 '기대'가 없으셨고, ③

묵은 것을 굳게 지키는 '고집'이 없으셨고, ④자신만을 중시하는 '아집'이 없으셨다.

- 『논어』「자한」

'인(仁)'이란 '남(人)'과 자신을 '똑같이(=)' 여기는 것을 말한다. 그래서 공자는 늘 위의 네 가지를 내려놓는 삶을 산 것이다. 공자처럼 양심을 온전히 계발하는 성인이 되고 싶다면 성인의 마음을 배워야 한다. 잡념과 기대, 고집이 없는 삶을 살려면 무엇보다 아집이 없어야 한다. '나를 중시하는 아집'이 없으면 자신의 욕심 때문에 부질없는 망상을 일으키지 않을 것이고, 매사가 자신의 뜻대로 이루어져야 한다는 기대가 없을 것이며, 자신의 과거 주장이나 행적에 대한 고집도 없을 것이다.

그러니 나와 남을 똑같이 여기는 '사랑의 구현자'가 되기 위해서는 무엇보다 자신에 대한 집착, 즉 '아집'을 내려놓을 수 있어야 한다. 방법은 간단하다. 짬이 나는 대로 마음을 닦는 명상의 시간을 갖으며 "나는 내 이름을 모른다!"라고 단호하게 선언해보는 것이다. 잠시라도 자신의 이름을 잊고 그냥 자연스럽게 존재해보라. 그 순간 나와 남의 구별은 사라지고 없을 것이다. 어떠한 잡념이 밀려오더라도 "나는 내 이름을 모른다!"하고 모르쇠로 일관해야 한다. 어떠한 잡념도 무관심을 당할 수는 없다. 단박에 물리칠 수 있다. 자신의 이름도 잊고 존재하면 어떠한 걱정과 불만도 침범하지 못한다. 자신의 이름을 잊고 존재하는 사람에게 어떤 걱정과 불만이 있겠는가? 늘 만족스러울 것이고 늘 여유로울 것이다. 그래서 늘 나와 남을 하나로 사랑할 수 있다. 그래서 공자는 이처럼 말할 수 있었던 것이다.

吾有知乎哉 無知也.
내가 아는 것이 있는가? 나는 모를 뿐이다.
— 『논어』「자한」

공자는 늘 마음을 맑은 가을하늘처럼 텅 비우고 산 것이다. 이처럼 아집을 내려놓고 나와 남을 가르지 않는 마음에 어떠한 잡념이 훼방을 놓을 수 있을까? 또 아집이 없는데 왜 자신의 뜻대로 세상이 굴러갈 것이라고 기대하며, 왜 자신의 과거 주장을 고집하겠는가? 잡념이나 기대, 고집은 모두 '자기 사랑(아집)'에서 오는 것이다. 지금 이 순간 바로 '자기'를 대표하는 '이름'을 잊고 존재해보라. 성인의 마음을 조금이나마 엿볼 수 있을 것이다. 이런 이유로 공자의 스승 노자는 백성들로 하여금 늘 이런 상태에 머물게 해야 훌륭한 정치라고 본 것이다.

常使民無知無欲.
백성으로 하여금 항상 아는 것이 없게 하고 욕심도 없게 해야 한다.
— 『노자』

사랑을 배양하는 방법

맹자가 이야기하였듯 인간의 양심에는 본래 '사랑의 본성'이 있어 남을 보면 측은해 하는 마음이 자연스럽게 일어난다. 즉 남의 일을 자신의 일처럼 공감하는 능력이 있는 것이다. 이 자연스러운 공감능력을 그대로 잘 길러주기만 하면 우리는 '사랑(仁)'을 배양할 수 있다. 남을 나처럼 사랑하는 '인(仁)'의 배양이야말로 양심을 밝혀 성인에 이르는 가장 중요한 길이다.

仁者 己欲立而立人 己欲達而達人 能近取譬 可謂仁之方也已.
인자한 자는 자기가 서고 싶으면 남도 세워 주고, 자기가 이르고 싶으면 남도 이르게 해준다. 자기를 살펴 남의 입장을 이해하는 것, 이를 '사랑의 올바른 방법'이라 말할 수 있다.
– 『논어』 「옹야(雍也)」

먼저 자신의 아집을 내려놓고 '양심의 소리'에 귀를 기울이면 우리의 타고난 공감능력(측은지심)은 남의 처지도 나와 같음을 이야기한다. 그래서 내가 성공하고 싶어 하는 만큼 남도 성공하고 싶어 한다는 사실을 잘 이해하게 된다. 또 내가 돈을 벌고 싶어 하는 만큼 남도 돈을 벌고 싶어 한다는 것을 잘 이해하게 된다. '나의 욕망'을 잘 이해하면 '남의 욕망'도 이해할 수 있다. 나와 남은 본래 둘이 아니기 때문이다. 아집을 내려놓고 보면 이러한 사정이 잘 보인다. 그러니 남을 나처럼 여기는 사람은 내가 우뚝 서고 싶은 만큼 남도 우뚝 서고 싶어 한다는 것을 잘 이해해 남도 우뚝 설 수 있도록 도와준다는 것이다. 남의 욕망에도 깊이 공감하고, 남의 성공도 도와주지 않을 수 없는 것이다. 왜 그럴까? 남의 마음이 자신의 마음처럼 공감이 되기 때문이다. 무시할 수가 없는 것이다.

이것이 양심이 잘 계발된 사람의 태도다. 양심을 이해하는 지능, 즉 '양심지능' '영성지능'이 높은 사람은 남의 마음을 잘 이해하고 남을 돕고 싶어 한다. 늘 자신의 마음을 바탕으로 남의 마음을 이해하고 남을 배려하는 것, 이것이 '사랑을 배양하는 방법'이다. 누구보다 사랑을 강조했던 예수의 핵심 가르침도 바로 이 사랑을 배양하는 방법이다.

> 그러므로 무엇이든지 남이 그대들에게 해주기를 바라는 대로 그대들도 남에게 해주어라. 이것이 율법과 예언서의 골자다.
> – 「마태복음」 7:12

먼저 '내가 남에게 바라는 것'을 이해하고, 이를 바탕으로 '남이 나에게 바라는 것'을 정확히 헤아려 남에게 베푸는 것, 이것이야말로 사랑을 실천하는 최선의 방법이다. 남을 진정으로 사랑하고 싶다면 남이 진정으로 원하는 것을 베풀 수 있어야 한다. 사랑을 실천함에 있어 이 이상의 방법은 없다. 이것이 성인들의 공통된 가르침이다. 인류가 살아남기 위해 반드시 필요한 가르침이다. 사랑을 제대로 실천하기 위해서는 '자신이 남에게 바라는 것을 남에게 베풀라!'라는 양심의 명령을 충실히 따르기만 하면 된다. 이는 공자도 늘 분발했던 부분이다.

君子之道四 丘未能 一 焉 所求乎子 以事父 未能也 所求乎臣 以事君 未能也 所求乎弟 以事兄 未能也 所求乎朋友 先施之 未能也.

'군자의 길'이 네 가지인데 나(孔丘)는 그중 한 가지도 잘하는 게 없으니, ①자식에게 바라는 것으로써 부모를 섬기는 것을 아직 잘하지 못하며, ②신하들에게 바라는 것으로써 군주를 섬기는 것을 아직 잘하지 못하고, ③동생에게 바라는 것으로써 형을 섬기는 것을 아직 잘하지 못하며, ④친구들에게 바라는 것으로써 내가 먼저 베푸는 것을 아직 잘하지 못한다.

－『중용』

사랑하지 않으면 사람이 아니다

사람이라면 누구나 '측은지심(공감능력)'이 있다. 만약 우리에게 이 공감능력이 없다면 남을 조금도 이해하지 못했을 것이니 사회라는 것이 애초에 성립하지 않았을 것이다. 인류가 사회를 이루고 살 수 있는 것은 모두 이 측은지심 덕분이다. 그런데 인류는 이 능력을 소홀히 여겨 무시하고 있다. 그러다보니 서로가 서로를 배려하지 않고 함부로 대해 사회가 근본부터 흔들리고 있는 것이 현실이다. 인류가 서로 어울려 돕고 살 수 있게 해준 이 소중한 능력을 잘 배양하지 못한다면 인류의 미래는 어둡기

만 하다. 자식이 부모를 버리고, 부모가 자식을 버리는 것도 일
상이 될 것이다.

　　凡有四端於我者 知皆擴而充之矣 若火之始然 泉之始達 苟能
充之 足以保四海 苟不充之 不足以事父母.
　　4단의 양심이 나에게 있는 것을 넓히고 채워줄(확충, 擴充)
줄 알면 불이 처음 타오르며 샘이 처음 솟아나오는 것과 같을
것이니 진실로 이를 채울 수 있다면 족히 4해를 보존할 것이
요, 진실로 이를 채우지 못하면 부모님도 모실 수 없을 것이다.
　　　　　　　　　　　　　　　　　　　　 -『맹자』「공손추 상」

　　군자는 절대로 이 '양심의 소리'를 무시하지 않는다. 그래서
남이 보건 보지 않건 늘 '사랑(仁)'에 머물기 위해 노력한다. 그
것을 가장 아름다운 일로 여긴다. '진선미(眞善美)'는 본래 둘이
아니기에 가장 참되고 선한 것이 가장 아름다운 법이다. 이러
한 진선미를 느끼는 군자야말로 남보다 지혜로운 사람이다. 그
래서 공자는 다음과 같이 말한다.

　　子曰 里仁爲美 擇不處仁 焉得知.
　　공자께서 말씀하시길 "사랑에 머무는 것이 아름다우니 사
랑을 선택해 머물지 않는다면 어찌 지혜롭다 하겠는가?"라고
하셨다.
　　　　　　　　　　　　　　　　　　　　　　 -『논어』「이인」

사랑이란 최고의 '선함(善)'이고, 사랑에 머무는 것은 최고의 '아름다움(美)'이며, 사랑을 선택해 머무는 것이야말로 최고의 '진리(眞)'다. 그리고 이것을 아는 것이야말로 최고의 '지혜'다. 군자가 지닌 남보다 앞서는 지혜는 '양심지능'이며 '영성지능(Spiritual Intelligence)'이다. 영성지능이란 ①자신이 받고 싶은 것을 남에게 베푸는 지능, ②자신이 원하지 않는 것을 남에게 가하지 않는 지능, ③상황에 맞게 말하고 행동하는 지능, ④자명한 것과 찜찜한 것을 명확히 구별하는 지능이다. 이런 지능을 갖추어야 진정 지혜로운 사람이다. 그러니 사랑에 머물지 않으면서 어떻게 지혜로울 수 있겠는가?

군자는 사랑의 실천자

군자는 '사랑의 실천'을 무엇보다 중시하며 '자신이 받고 싶은 것을 남에게 베풀라!'는 '사랑의 명령'을 충실히 따른다. 누구보다 양심의 소리에 귀를 기울이고 매 순간 자신의 생각과 말과 행동을 '양심의 뜻'에 부합되게 살고자 노력하는 사람일 뿐이다.

君子去仁 惡乎成名 君子無終食之間違仁 造次必於是 顚沛必於是.

군자가 사랑을 버리고 어찌 명성을 이룰 수 있겠는가? 군자는 밥을 먹는 시간에도 사랑을 어겨서는 안 되니 급박한 순간에도 반드시 사랑을 어기지 않으며, 엎어지고 넘어질지라도 반드시 사랑을 어기지 않는다.

-『논어』「이인」

그러니 군자는 사랑을 버리고는 '군자'라는 이름을 얻을 수 없다. 또 움직이건 멈추건, 가건 머물건 늘 사랑에서 떠나지 않는다. 언제나 공자처럼 아집을 버리고 늘 나와 남을 동등하게 사랑하려고 노력해야 진정한 군자다. 그래서 밥을 먹을 때도 사랑을 어기지 않는다. 나와 남을 둘로 보지 않고 늘 동등하게 존중하며 살아간다. 아무리 급박한 순간이 와도 자기만 살겠다는 욕심에 휘둘리지 않고 늘 나와 남을 모두 돌보는 양심을 존중한다. 심지어 엎어지고 넘어질 때조차 그러하다. 이것이 군자의 실상이다.

> 子曰 志士仁人 無求生以害仁 有殺身以成仁.
> 공자께서 말씀하시길 "뜻을 세운 선비와 인자한 사람은 생명에 집착하여 사랑을 해치지 않는다. 몸을 죽여 사랑을 이룬다."라고 하셨다.
>
> -『논어』「위령공」

그러니 사랑에 뜻을 세운 군자나 '사랑의 사람'은 자신의 양심을 실천하는 것을 무엇보다 중시한다. 이것이 삶의 최고 목표다. 밥을 먹어도 나와 남 모두를 위해 먹고, 잠을 자도 나와 남 모두를 위해 잠을 잔다. 욕심을 모두 버리고 살라는 것이 아니다. 자신의 욕심을 그대로 긍정하되 남의 욕심도 긍정해 나와 남 모두를 배려하는 '양심'으로 자신의 '욕심'을 잘 조절해가자는 것이다. 그래서 군자는 소중한 생명마저도 양심의 실천을 위해 바치기도 한다. 우리나라를 구하고자 자신의 생명을 바친 수많은 선현들을 생각하면 이 말이 이해될 것이다. 그들의 희생으로 우리가 살고 있다. 모두의 삶을 위해 자신의 소중한 생명까지 희생할 수 있는 것은 모두 '사랑의 힘'이다.

극기복례와 사랑

哀公問 弟子孰爲好學 孔子對曰 有顔回者好學 不遷怒 不貳過 不幸短命死矣 今也則亡 未聞好學者也.

애공(哀公)이 "제자 중 누가 제일 학문을 좋아하느냐?"고 물었다. 공자께서 대답하시길 "안회라는 이가 학문을 좋아하였습니다. 분노에 물들지 않았으며 허물을 두 번 반복하지 않았습니다. 하지만 불행하게 단명하여 요절하였습니다. 이제는 없으니 학문을 좋아하는 자를 듣지 못하였습니다."라고 하셨다.

– 『논어』 「옹야」

顔淵死 子曰 噫天喪予 天喪予.

안연(안회)이 죽자 공자께서 "아, 하늘이 나를 죽였구나! 하늘이 나를 죽였구나!"라고 하셨다.

– 『논어』 「선진(先進)」

공자의 제자 중 가장 사랑을 잘 실천했다고 평가받는 제자가 한 명 있다. 바로 '안자(顏子, 안회)'다. 짧은 생을 살다갔지만 늘 공자에게 칭찬만 받던 유일한 제자였다.

> 子曰 回也 其心三月不違仁 其餘則日月至焉而已矣.
> 공자께서 말씀하시길 "안회는 그 마음이 3개월 동안 사랑(仁)을 어기지 않았다. 그러나 그 나머지는 하루에 한 번, 한 달에 한 번 사랑에 도달하였을 뿐이다."라고 하셨다.
> — 『논어』 「옹야」

공자는 안회가 3개월이나 되는 긴 시간 동안 사랑을 어기지 않았다고 말한다. 안자는 그 긴 시간 동안 아집을 내려놓고, 자신이 받고 싶은 것을 남에게 베풀었다는 것이다. 그에 비해 다른 제자들은 하루에 한 번 사랑에 도달하거나 한 달에 한 번 도달할 뿐이었다고 한다. 공자의 제자들 중에서 안자가 유일하게 칭찬만 받은 이유를 충분히 짐작할 수 있는 구절이다. 그런 안자가 스승인 공자에게 사랑의 구체적 방법을 물은 적이 있다.

> 顏淵問仁 子曰 克己復禮爲仁 一日克己復禮 天下歸仁焉 爲仁由己而由人乎哉. 顏淵曰 請問其目 子曰 非禮勿視 非禮勿聽 非禮勿言 非禮勿動 顏淵曰 回雖不敏 請事斯語矣.
> 안연이 '사랑(仁)'에 대해 묻자 공자께서 말씀하시길 "자신을 이겨내고 예(禮)를 회복하는 것이 사랑이다. 하루라도 이러

한 극기복례를 할 수 있다면 천하가 모두 사랑으로 돌아올 것이다. 사랑을 실현하는 것은 자신에게 달려 있는 것이니 어찌 남에게 달려있겠는가?"라고 하셨다. 안연이 "그 구체적 조목을 묻겠습니다."라고 청하자 공자께서 말씀하시길 "예가 아니면 보지 말며, 예가 아니면 듣지도 말며, 예가 아니면 말하지 말며, 예가 아니면 움직이지 말라."고 하셨다. 안연이 말하길 "제가 비록 불민하오나 이 말씀을 받들겠습니다."라고 하였다.

- 『논어』「안연(顔淵)」

공자는 안자에게 사랑을 이루고 싶다면 먼저 아집을 극복하라고 한다. 극기(克己)란 자신의 아집을 극복해 이겨내는 것을 말한다. '자기'를 뜻하는 '己'는 무릎을 꿇고 있는 사람을 상징한다. 늘 우리 마음의 주인인 양심에 무릎을 꿇고 복종해야 하는 우리의 욕심을 나타낸다. "먼저 자신의 '욕심'을 제압하라(克己)! 그리고 늘 '양심'에 맞게 살아가라(復禮)!" 이것이 공자의 가르침 전부다. '예절'이란 양심 중 '사양지심(辭讓之心, 남과 조화를 이루는 마음)'의 자연스러운 발현이다. 그러니 욕심을 극복하고 양심에 맞게 사는 것이 바로 사랑이라는 것이다.

우리 내면에서 '양심의 소리'가 보지 말라고 하면 사랑을 실천하는 이로서 차마 보지 않아야 한다. 보는 것이 남에게 피해가 되면 보지 말라는 것이다. 이것이 바로 '예절에 합당하지 않으면 보지 말라'는 것의 의미다. 또 양심의 소리가 듣지 말라고 하면 듣지 않아야 한다. 듣는 것이 남에게 피해가 되면 듣지 말라는 것이다. 말하는 것, 행동하는 것도 마찬가지다. 내 욕심을 채우지 말고 양심의 명령에 따라야 한다. 이렇게 살아갈 때 사랑이 이루어진다. 천하에 양심이 없는 사람은 없으니 우리가 하루라도 이 사랑을 실천할 수 있다면 우리로 인해 다른 사람들도 점차 자신의 양심을 회복할 것이다. "천하가 모두 사랑으로 돌아올 것이다!"라는 이야기가 바로 이것이다.

소인은 욕심을 더 추구해 남이 양심적이기 전에는 양심을 따를 생각이 없다. 그러니 사회 전체가 모두 욕심만 추구하게 된다. 그러나 군자는 그렇지 않다. 군자는 남의 평가를 신경 쓰지 않고, 오직 양심의 평가를 중시한다. 그래서 남이 양심적이건 말건 스스로 양심적이고자 노력한다. 늘 양심의 소리에 귀를 기울인다. 늘 나부터 양심을 실천하고자 노력한다. 그러다 보니 남에게 긍정적인 영향을 주어 남들까지 양심을 돌아보게 만든다. 그리고 자연스럽게 사회 전체를 정화한다. 이것이 군자가 이 사회에 꼭 필요한 이유다.

사랑해야 미워할 수 있다

흔히 사랑을 실천한다고 하면 늘 남에게 좋은 소리만 해야 한다고 생각한다. 하지만 이것은 진정한 사랑이 아니다. 남을 망치고 자신을 망치는 지름길이다. 그래서 공자는 이러한 사이비(似而非) 군자를 혹독하게 비판한다. 예수가 바리새파를 가리켜 "독사의 자식들!"이라고 비판한 것과 비견될만한 이야기다.

子曰 鄉原德之賊也.

공자께서 말씀하시길 "향원은 덕의 도적이다!"라고 하셨다.

– 『논어』 「양화(陽貨)」

'향원(鄉原)'은 동네에서 늘 좋은 소리를 들으려고 영합하는 사람이다. 즉 '착한 사람'으로 늘 이미지를 포장하고 다니는 사람이다. 이런 사람은 남에게 싫은 소리를 못한다. 늘 좋은 소리만 하고 다닌다. 하지만 어디까지나 자신의 명성을 위한 것이지 남을 진정으로 사랑해서 하는 것은 아니다. 공자는 이런 사이비 군자를 '덕의 도적'이라 비판한다. 그런 것은 덕이 아니다.

子曰 唯仁者 能好人 能惡人.

공자께서 말씀하시길 "오직 인자한 사람만이 남을 좋아할 수 있고 남을 미워할 수 있다."라고 하셨다.

– 『논어』 「이인」

진정으로 사랑하는 사람은 나와 남을 둘로 여기지 않고 동등하게 존중하기 때문에 나와 남 모두에게 이로운 '선(善)'을 늘 좋아하고, 나와 남 모두를 해롭게 하는 '악(惡)'은 단호하게 배격한다. 그래서 남에게 늘 좋은 소리만 하고 다니지 않는다. 선한 말과 행동은 아주 좋아하나 악한 말과 행동은 아주 미워한다. 이것이 진정으로 남을 사랑하는 사람의 태도다.

소인은 매사 선택의 기준이 자신의 욕심이므로 자신에게 유리하면 좋아하고 불리하면 미워한다. 군자는 그렇지 않다. 매사 선택의 기준이 자신의 양심이므로 모두에게 유리하면 좋아하고 모두에게 불리하면 미워한다. 그래서 공자는 "진정으로 남을 사랑하는 사람이라야 공정하게 남을 좋아하고 미워할 수 있다." 말한 것이다. 자식을 사랑하는 부모는 자식에게 해가 되는 것을 미워한다. 이것이 자연스러운 양심의 명령이다.

선을 사랑하고 악을 미워하라

악(惡)을 진심으로 미워하지 않는 사람은 선(善)을 진심으로 좋아하는 사람이 아니다. 『대학』에서는 선을 좋아하고 악을 미워하는 실정을 다음과 같이 설명한다.

> 如惡惡臭 如好好色.
> 악을 미워하기를 악취를 미워하는 것처럼 진심으로 미워하고, 선을 좋아하기를 어여쁜 여자를 좋아하는 것처럼 진심으로 좋아해야 한다.
> ─『대학』

군자는 늘 좋은 게 좋은 거라는 식으로 흐리멍덩하게 살아가는 사람이 아니다. 선을 진심으로 좋아하고 악을 진심으로 미워하는 사람이 바로 군자다. 양명학의 창시자 왕양명(王陽明, 1368~1661)은 다음과 같이 이 구절을 설명한다.

人但得好善 如好好色 惡惡 如惡惡臭 便是聖人.

사람이 다만 선을 좋아하기를 어여쁜 여자를 좋아하는 것
처럼 진심으로 좋아하고, 악을 미워하기를 악취를 미워하는 것
처럼 진심으로 미워할 수 있다면 바로 성인이다.

- 『전습록(傳習錄)』

군자에서 더 나아가 성인에 나아가는 길은 '양심의 계발' 외
에 다른 길이 없다. 그러니 양심을 온전히 계발한 성인도 선을
어여쁜 여자처럼 좋아하고, 악을 악취처럼 미워하는 사람일 뿐
이다. 그러니 남을 나처럼 사랑하는 측은지심을 온전히 구현하
게 되면 남의 마음이 자신의 마음처럼 느껴져 남에게 피해가
가는 행위를 하지 못하고, 늘 남에게 도움이 되는 행위를 선택
하게 된다. 이것이 '사랑의 실천'이다.

정의(義)

양심에 부끄럽지 않은 것이 정의

나와 남을 둘로 보지 않는 사랑을 실천하는데, 어떻게 남에게 피해를 줄 수 있겠는가? 자신이 당하기 싫은 것을 어떻게 남에게 가할 수 있겠는가?

'정의(義)'란 다른 것이 아니다. '자신이 받기 원하지 않는 것을 남에게 가하지 말라.'는 양심의 지상명령을 충실히 따르는 것일 뿐이다. 사랑에서 자연스럽게 나오는 것이 정의다. 남을 나처럼 사랑하는데 어떻게 남에게 부당한 피해를 줄 수 있겠는가?

子曰 苟志於仁矣 無惡也.

공자께서 말씀하시길 "진실로 사랑에 뜻을 둔다면 악함이 없을 것이다."라고 하셨다.

- 『논어』 「이인」

양심 중에서 나와 남을 둘로 보지 않는 공감능력의 발현이 '측은지심(惻隱之心)'이라면, 양심을 어길 때 이를 바로잡고자 하는 정의감의 발현이 '수오지심(羞惡之心)'이다. 불의를 바로잡고자 하는 마음인 수오지심을 잘 배양하면 정의는 충분하다. 이 자연스러운 정의감을 넘어서도 찜찜해질 것이며 이 정의감에 모자라도 찜찜해질 것이다. 자신의 양심의 소리에 지나치거나 모자람이 없이 알맞게 반응하는 것, 그 이상의 정의는 없다. 맹자는 우리가 정의로운 삶을 살 때 생겨나는 정의로운 기운인 '호연지기(浩然之氣)'를 다음과 같이 설명한다.

是集義所生者 非義襲而取之也 行有不慊於心 則餒矣.
'호연지기'는 정의로움을 쌓아 생겨나는 것이다. 정의란 불시에 쳐들어가 얻을 수 있는 물건이 아니다. 실천함에 있어 양심이 뿌듯해 하지 않으면 굶주리게 된다.

- 『맹자』 「공손추 상」

맹자는 정의로움을 쌓아갈 때 지극히 크고 강대한 기운인 '호연지기'가 생겨난다고 말한다. 그리고 정의란 억지로 되는 것이 아니고, 양심에 부끄러움이 없이 뿌듯할 때 생긴다고 말한다. 만약 뿌듯함 대신 찜찜함이 생기게 되면 정의로운 기운은 쪼그라들게 된다고 말한다. 오직 '자신이 당하기 싫은 일을 남에게 가하지 말라.'는 양심의 소리에 충실히 반응하며 살아갈 뿐이다. 다른 정의는 없다. 이 이상의 정의는 인간의 욕심이 만들어낸 거짓 정의일 뿐이다.

정의를 따르지 않고서는 살아갈 수 없다

사회는 사랑에 기반을 두고 정의를 실천하는 사람들의 모임이어야 한다. 서로 모여 사회를 이루고 살아가는 이상 '자신이 당하기 싫은 일을 남에게 가하지 말라.'는 양심의 소리를 위배하는 것은 사회 전체를 위협하는 것이 된다.

> 子曰 人之生也直 罔之生也 幸而免.
> 공자께서 말씀하시길 "사람이 사는 것은 곧아야 한다. 곧지 않게 사는 것은 요행히 죽음을 면한 것이다."라고 하셨다.
>   – 『논어』 「옹야」

공자는 양심을 따르는 곧은 삶을 살지 않으면 이미 온전히 사는 것이 아니라고 말한다. 온전하게 살고자 한다면 양심에 따라 '똑바로(直)' 살아야 한다. 욕심으로 구부러지게 살지 말자. 양심에 따라 똑바로 살자. 늘 양심의 소리에 귀를 기울이고, 양심에 맞으면 하고 양심에 맞지 않으면 하지 말자. 이것이 '군자의 길'이고 인간으로서 제대로 살아가는 길이다. 이렇게 살지 않는 사람들은 요행히 살아갈 뿐이다. 그러므로 군자는 욕심에 따라 휘둘리지 않는다. 늘 양심의 소리가 가리키는 방향을 똑바로 걸어간다.

子曰 雖能出不由戶 何莫由斯道也.

공자께서 말씀하시길 "방문을 경유하지 않고는 나갈 수 없다. 그런데 어찌하여 이 '인간의 길'을 경유하지 않는가?"라고 하셨다.

— 『논어』 「옹야」

孟子曰 仁 人心也 義 人路也 舍其路而弗由 放其心而不知求 哀哉.

사랑은 인간의 마음이며 정의는 인간의 길이다. 그 길을 버려둬 말미암지 않고, 그 '양심'을 잃어버리고 찾지 않으니 슬프도다!

— 『맹자』 「고자(告子) 상」

우리가 방문을 통하지 않고서는 밖으로 나갈 수 없듯 도를 통하지 않고는 걸어 다닐 수 없다. 이 '인간의 길'은 바로 맹자가 말하듯 정의다. 우리의 양심(본심)을 회복하는 것 이상의 학문은 없다. 그리고 양심을 회복한다는 것은 나와 남을 동등하게 여기는 사랑에 바탕을 두고, 남에게 피해를 주지 않는 '정의의 길'을 걷는다는 것이다. 오직 정의를 따를 뿐이다.

> 子曰 君子之於天下也 無適也 無莫也 義之與比.
> 공자께서 말씀하시길 "군자는 천하에 대해 무조건 옳다 하
> 는 것도 없고, 무조건 틀렸다 하는 것도 없다. 오직 정의를 따
> 를 뿐이다."라고 하셨다.
> — 『논어』「이인」

우리 양심의 정의감에 부합하는 것이 옳은 것이며 부합하지 않는 것이 틀린 것이다. 이외에 어떤 기준이 있겠는가? 천하의 모든 실정법은 모두 이 자연법, 즉 '양심의 소리'에 기반을 둔다. 우리 내면에 새겨진 정의감이 아니라면 어떻게 옳고 그름을 판단하겠는가? 선악의 기준은 바로 우리 마음 안에 있다. 도둑질이 왜 그릇된 행위인가? 도둑질을 그릇된 행위라고 판단하는 것은 무엇인가? 바로 우리의 정의감이다. 이외에 다른 기준이 없다. 천하의 모든 법률은 우리의 '수오지심(정의감)'에 기반을 둔다.

정의를 배양하는 방법

정의를 배양하기 위해서는 어떻게 해야 할까? 군자들은 어떤 수행을 통해 정의감을 배양할까? 답은 이미 나왔다. 맹자가 말했듯 내면의 정의감에 부끄럽지 않게 생각하고 말하고 행동

하며 살아가는 것이다. '자신이 당하기 싫은 것을 남에게 가하지 말라'는 양심의 지상명령을 충실히 따르기만 하면 된다.

己所不欲 勿施於人.
내가 당하기 싫은 것을 남에게 가하지 마라.
－『논어』「위령공」

『대학』에 보면 사랑에 기반을 둔 정의의 실천을 '혈구지도(絜矩之道, 내 입장을 잣대로 남의 입장을 재는 길)'라고 한다. 먼저 '내가 남에게 원하지 않는 것'을 이해하고, 이를 바탕으로 '남이 나에게 원하지 않는 것'을 정확히 헤아려 남에게 가하지 않는 것, 이것이야말로 정의를 실천하는 최선의 방법이다.

所惡於上 毋以使下 所惡於下 毋以事上 所惡於前 毋以先後 所惡於後 毋以從前 所惡於右 毋以交於左 所惡於左 毋以交於右 此之謂絜矩之道.
①(내 자신이) 윗사람에게 당해 싫은 것을 가지고 아랫사람을 부리지 말 것이며, ②아랫사람에게 당해 싫은 것을 가지고 윗사람을 섬기지 말 것이며, ③앞사람에게 당해 싫은 것을 가지고 뒷사람에게 가하지 말 것이며, ④뒷사람에게 당해 싫은 것을 가지고 앞사람을 따르지 말 것이며, ⑤오른쪽 사람에게 당해 싫은 것을 가지고 왼쪽 사람을 사귀지 말 것이며, ⑥왼쪽 사람에게 당해 싫은 것을 가지고 오른쪽 사람을 사귀지 말 것

이니, 이것을 일러 '나를 잣대로 남을 헤아려 재는 도'라고 하
는 것이다.

-『대학』

인간은 살면서 세 가지 '사이(間)'에서 벗어날 수 없다. 먼저
①시간(時間)에서 벗어날 수 없다. 늘 '지금 이 순간'을 중심으로
과거와 현재, 미래가 형성된다. 그래서 늘 과거와 현재, 미래의
사이에서 벗어날 수 없다. 또 ②공간(空間)에서 벗어날 수 없다.
늘 내가 존재하는 '여기'를 중심으로 동서남북의 사방이 둘러
싸고 있다. 우리는 이 동서남북의 사이에서 벗어날 수 없다. 마
지막으로 ③인간(人間)에서 벗어날 수 없다. 늘 '나'를 중심으로
상하·전후·좌우의 관계가 형성된다. 언제나 나의 윗사람이 있
고 아랫사람이 있으며, 나의 앞사람이 있고 뒷사람이 있다. 그

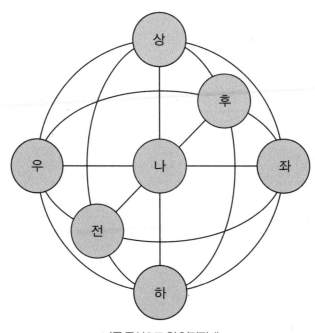

나를 중심으로 한 인간관계

리고 나의 좌우로 친구와 동료가 있다. 이왕 이런 관계 속에서 살아야 할 운명이라면 이런 관계에 끌려가기보다 내가 중심이 되어 '잘 균형 잡힌 경영'을 할 수 있어야 한다. 이것이 인간관계의 핵심이다.

우리는 인간관계를 잘 경영하는 법을 알아야 한다. 흔히 윗사람을 어떻게 대해야 할지 잘 모르겠다고 하소연을 한다. 그러나 사실 우리는 그 답을 이미 알고 있다. '양심의 소리'에 귀를 기울여 보라. '내가 아랫사람에게 당해 싫은 것'을 윗사람에게 하지 말라. 이것이면 충분하다. 우리는 이미 답을 알고 있다. 아랫사람을 어떻게 대해야 할지 모르겠다면 '내가 윗사람에게 당해 싫은 것'을 아랫사람에게 하지 말라. 이것이면 충분하다. 늘 이렇게 살아가자. 그러면 인간관계의 달인이 될 것이다. 점차 더 익숙해지면 장차 군자와 성인에 이르게 될지도 모른다.

진정한 용기는 정의로운 용기

子路曰 君子尚勇乎 子曰 君子義以爲上 君子有勇而無義爲亂 小人有勇而無義爲盜.

자로가 "군자는 용맹을 숭상합니까?"라고 물었다. 공자께서 말씀하시길 "군자는 정의를 최고로 여긴다. 군자가 용맹하되 정의가 없으면 난리를 일으키며, 소인이 용맹하되 정의가 없으면 도적이 된다."라고 하셨다.

- 『논어』 「양화」

공자의 제자 중 가장 용감했던 자로는 공자에게 자신의 용맹에 대해 칭찬을 듣고 싶어 "군자는 용맹을 숭상합니까?"라고 질문한다. 그러나 공자는 용맹보다 정의를 찬양한다. 용맹하기만 하고 정의가 없다면 남에게 피해를 주는 데에도 용맹할 것이니 말이다. 용맹은 정의로울 때만 모두에게 도움이 된다. 군자는 오직 정의를 숭상할 따름이다. 정의롭게 살아가다 보면 자연히 용맹해지는 것이다. 진정한 용맹은 정의를 실천함에 과단성 있는 것이기 때문이다.

> 子曰 非其鬼 而祭之諂也 見義不爲 無勇也.
> 정의를 알고도 실천하지 않음은 용기가 없는 것이다.
>
> —『논어』「위정」

그래서 공자는 정의를 알되 실천하지 않는 것은 용기가 없어서라고 말한다. 우리는 행동에 앞서 "과연 이 일이 정의로운가?" "이 일은 남에게 부당한 피해를 주지 않는가?"라고 명확히 물어야 한다. 자신이 하려는 일이 정의롭다는 판정을 명확히 한 뒤 과감하게 실천하는 것이 바로 용기다. 그렇다고 아주 어려운 일은 아니다. 누구나 갖추고 있는 정의감을 충실히 실천으로 옮기기만 하면 된다.

예절(禮)

예절은 양심의 표현

양심이 지닌 덕목 중 '예절'은 양심의 자연스러운 발현인 '사양지심(辭讓之心)'을 배양하는 중에 이루어진다. 사람에게는 양심이 있기에 누구나 남과 조화를 이루려고 한다. 이러한 양심을 상황에 적절하게 표현하는 것이야말로 진정한 예절이다. 체면 때문에, 남이 보고 있어서, 이익이 되는 일이어서 행하는 예절은 참된 예절이 아니다. 허례허식일 뿐이다. 또 아무리 남을 위한 양심에서 시작했다 하더라도 그 표현이 상황에 적절하지 않아서는 안 된다. 참된 예절은 양심에서 나오되 그 언행이 상황에 적절해야 한다. 그래야 양심에 찜찜함이 없이 뿌듯하기 때문이다. 앞에서 살펴보았듯 공자는 안자에게 사랑의 구체적인 방법으로 극기복례를 강조했다. 예절을 실천하는 것이 사랑을 이루는 것이라는 말이다.

克己復禮爲仁 一日克己復禮 天下歸仁焉.

자신을 이겨내고 예를 회복하는 것이 사랑이다. 하루라도 이러한 극기복례를 할 수 있다면 천하가 모두 사랑으로 돌아올 것이다.

– 『논어』「안연」

예절이 단순히 형식적인 것이라면 어떻게 사랑을 이룰 수 있겠는가? 공자는 예절을 '사랑의 표현' 혹은 '양심의 표현'이라 본 것이다. 나와 남 모두를 위하는 양심이 담기지 않은 예절, 나와 남을 똑같이 여기는 사랑이 담기지 않은 예절은 거짓된 예절일 뿐이다. 예절은 어디까지나 '사랑의 표현'이기 때문이다.

예절을 배양하는 방법

子曰 人而不仁如禮何 人而不仁如樂何.

공자께서 말씀하시길 "사람이 인자하지 못하면 예절을 어디 쓰겠는가? 사람이 인자하지 못하면 음악을 어디 쓰겠는가?"라고 하셨다.

– 『논어』「팔일」

사람이 남을 사랑하지 않는다면 그가 표현한 예절은 얼마나 가식적이겠는가? 사람이 인자하지 못한데 그가 표현하는 예절을 어디 쓰겠는가? 군자는 양심을 추구하나 소인은 욕심을 추구할 뿐이다. 양심에서 나오지 않은 예절은 욕심에서 나온 예절일 뿐이다. 오로지 자신의 욕심을 충족시키기 위해 나온 예절은 참된 예절이 아니다. 그런 예절로는 사랑을 이룰 수 없다.

子曰 禮云禮云 玉帛云乎哉 樂云樂云 鍾鼓云乎哉.

공자께서 말씀하시길 "예절이라고 말들 하지만 옥과 비단을 말하였겠는가? 음악이라고 말들 하지만 종과 북을 말하였겠는가?"라고 하셨다.

– 『논어』「양화」

그러니 옥과 비단으로 화려하게 장식을 하고 표현을 한다 하더라도 그 안에 나와 남을 똑같이 사랑하는 양심이 담기지 않았다면 거짓 예절일 뿐이다. 양심의 따뜻한 마음이 없다면 아무리 좋은 악기를 갖추었더라도 남을 감동시키는 음악을 못 만들어내는 것과 같다. 그러니 사치스럽게 포장하기보다는 차라리 검소하더라도 내면의 양심에 충실한 것이 더 훌륭한 예절이다.

林放問禮之本 子曰 大哉問 禮與其奢也寧儉 喪與其易也寧戚.

임방이 '예절의 본질'을 물었다. 공자께서 말씀하시길 "훌륭하다, 질문이여! 예절은 사치할 바에는 차라리 검소해야 하며 상례는 능숙하게 처리할 바에는 차라리 슬퍼해야 한다."라고 하셨다.

- 『논어』 「팔일」

예절의 본질은 '양심의 적절한 표현'일 뿐이다. 남녀가 만나 한 가정을 꾸리는 혼례와 같은 중요한 예절도 역시 양심에 부합해야 한다. 욕심보다는 양심이 모든 일에 핵심이 되어야 한다. 서로를 배려하고 화합해 한 가정을 이루는 중대한 예절이 이기적 욕심으로 도배되어서는 안 될 것이다. 그런데 서로 욕심만을 충족시키고자 사치와 허영으로 일관한다면 과연 그 만남은 행복할 수 있겠는가?

그래서 공자는 예절의 본질을 논함에 있어 "그렇게 양심을 버리고 바깥의 화려함만을 추구한다면 어떻게 예절에 합당하다고 하겠는가? 예절의 본질은 남을 자신처럼 사랑하여 남에게 자신을 낮추는 '사양지심'을 표현하는 것일 뿐이다."라고 주장한 것이다. 그러니 상례에 있어서는 헤어지는 슬픔에 충실한 것이 예절의 본질에 합당하다고 본 것이다. 상례를 능숙하게 처리하되 진심으로 슬퍼하는 마음이 없다면 어떻게 예절을 잘 지켰다고 하겠는가?

예절의 기준은 양심의 만족

　宰我問 三年之喪 期已久矣 君子三年不爲禮 禮必壞 三年不爲
樂 樂必崩 舊穀旣沒 新穀旣升 鑽燧改火 期可已矣, 子曰 食夫稻
衣夫錦 於女安乎, 曰 安 女安則爲之 夫君子之居喪 食旨不甘 聞
樂不樂 居處不安 故不爲也 今女安則爲之 宰我出, 子曰 予之不
仁也 子生三年 然後免於父母之懷 夫三年之喪 天下之通喪也 予
也有三年之愛於其父母乎.

　재아가 묻기를 "3년의 상은 너무 긴 기간 같습니다. 군자가
3년간 예절을 하지 않으면 예절이 무너질 것이며, 3년간 음악
을 하지 않으면 음악이 반드시 무너질 것입니다. 옛 곡식이 이
미 다하여 새 곡식이 이미 자라고, 불을 붙이는 나무도 새롭게
고치게 되니 1년의 상이 옳을 것 같습니다."라고 하였다.

　공자께서 말씀하시길 "부모님이 돌아가셨는데 쌀밥을 먹고
비단옷을 입는 것이 그대에게는 편안한가?"라고 하셨다. 재아
가 말하기를 "편안합니다."라고 하였다. 공자께서 말씀하시길
"그대가 편안하다면 그렇게 하라. 군자가 상복을 입는 기간에
는 맛있는 것을 먹어도 달지 않으며, 음악을 들어도 즐겁지 않
으며, 거처함에 편안하지 않으므로 그렇게 하지 않는 것이다.
그런데 그대가 편안하다면 그렇게 하라."라고 하셨다.

　재아가 나가자 공자께서 말씀하시길 "재여(재아)의 인자하
지 않음이여! 자식이 태어난 지 3년이 된 뒤에야 부모의 품에
서 벗어나는 것이니 3년의 상은 천하의 공통된 상이다. 재여는

그 부모에게 3년의 사랑을 받은 것인가?"라고 하셨다.

-『논어』「양화」

참된 예절은 양심을 상황에 적절하게 표현하는 것일 뿐이다. 그래서 공자는 삼년상이 너무 길다고 이의를 제기한 제자에게 "정한 예절이니 따르라!"라고 강변하지 않는다. 예절의 본질이 '양심의 표현'이기에 "그대의 양심은 편하게 여기는가?"라고 물을 뿐이다. 그리고는 "그대의 양심에 걸리는 것이 없다면 그렇게 하라."고 하였다.

본래 부모님이 돌아가셨을 때 3년의 상을 지낸 것은 부모님께서 우리를 3년 간 길러주신 것에 대한 보답의 마음 때문이다. 그래야 우리 양심이 편하기 때문에 그렇게 정해진 것이다. 예절은 양심의 표현이다. 나와 남을 둘로 보지 않는 양심에 충실하다 보니 자연스럽게 3년의 상을 해드리고 싶어진 것이다. 그런데 제자는 1년의 상으로 충분하다고 보았다. 그래서 공자는 "그는 양심이 없는 것인가 아니면 부모가 3년의 사랑을 주지 않은 것인가?"라고 비판한 것이다. 제자의 마음에 사랑이 없음을 비판한 것도 바로 이런 이유 때문이다. 예절은 사랑의 표현이기에 표현에 문제가 있으면 그 사랑까지 의심받는 것이다.

지혜(智)

타고난 판단능력인 시비지심

우리의 양심에는 '지혜(智)'라는 덕목이 있어서 옳고 그름을 자명하게 분별한다. 인간에게는 누구나 그 능력이 있다. 그래서 배우지 않아도 옳은 것과 그릇된 것을 분명히 구별한다. 맹자는 이것을 양심 중에서 '양지(良知, 타고난 판단능력)'라고 불렀다. 이 양지의 발현이 바로 '시비지심(是非之心)'이다. 인간에게는 이 시비지심이 있어 옳은 것과 그른 것, 아는 것과 모르는 것을 선명히 구별한다.

서양 근대철학의 아버지 데카르트(René Descartes, 1596~1650)는 그의 대표적 저서인 『방법서설』에서 이 '시비지심'에 대해 다음과 같이 설명한다.

양지는 이 세상에서 가장 공평하게 나누어져 있다. 왜냐하면 누구나 양지는 자신에게 충분하다고 여긴다. 그래서 다른 모든 것에 있어 까다로운 사람도 양지에 있어서는 자신의 것 이상을 바라지 않는 게 일반적이다. …… 올바르게 판단하고 옳고 그름을 판별하는 능력이 바로 양지이며 이성이다. 이러한 능력은 태어날 때부터 모든 사람에게 평등하게 갖추어져 있다.

사람에게는 누구나 평등하게 옳고 그름을 판별하는 능력이 있다. 그래서 '자명한 느낌'과 '찜찜한 느낌'을 선명히 구별해 낸다. "2×2=4"라는 자명한 이야기를 들으면 누구나 자명하고 명확한 느낌을 갖게 되며 "백두산 천지에 괴물이 산다."와 같은 모호한 이야기를 들으면 누구나 찜찜하고 불명확한 느낌을 갖게 된다. 자신이 100% 아는 것에는 자명하다는 느낌을 갖게 되며 아는 것에 자신이 없을 때는 찜찜하다는 느낌을 갖게 된다. 그러니 지혜를 배양하는 최고의 방법은 타고난 '판단능력(양심)'을 충족시켜 주기만 하면 된다. 이에 대해 남송(南宋)의 주희(朱熹, 1130~1200)는 다음과 같이 말했다.

凡事只去看箇是非 假如今日做得一件事 自心安而無疑 便是是處 一事自不信 便是非處.

모든 일에 대해 다만 '옳고 그름(是非)'을 살펴볼 뿐이다. 가령 오늘 한 가지 일을 하면서 스스로 마음이 편안하고 의심이 없다면 그것은 '옳은 것'이다. 그러나 한 가지 일이라도 스스로 믿을 수 없다면 그것은 '그릇된 것'이다.

- 『주자어류(朱子語類)』

지혜를 배양하는 방법

우리의 양심은 자신이 겪은 체험과 개념이 일치할 때 '자명하다'고 인가해주며 체험과 개념이 일치하지 않을 때 '찜찜하다'고 선언한다. 우리는 '양심의 소리'에 귀를 기울여 양심이 '자명하다'고 느끼는 것은 확실히 옳다 여기고, '찜찜하다'고 느끼는 것은 명확하지 않다고 여기기만 하면 된다. 그러면 옳은 것과 그른 것, 아는 것과 모르는 것이 선명해질 것이다. 그래서 공자는 다음과 같이 '지혜를 배양하는 방법'을 설명한다.

子曰 由誨女知之乎 知之爲知之 不知爲不知 是知也.

공자께서 말씀하시길 "유(由, 자로)야, 너에게 안다는 것에 대해 가르쳐주마. 아는 것을 안다 하고, 모르는 것을 모른다 하는 것이 바로 '아는 것'이다."라고 하셨다.

- 『논어』 「위정」

마음속에 자명한 것들만 모아 한 그룹(A)을 만들고, 찜찜한 것들만 모아 한 그룹(B)을 만들어 보자. 그리고 지금 이 순간부

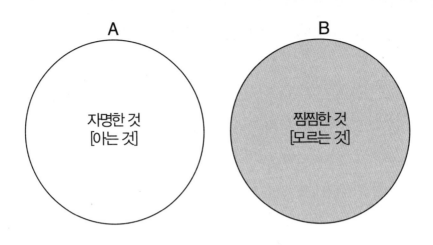

터 마음에 들어온 정보들을 이 두 그룹으로 나누어 관리해 보자. 모호한 것이 배제될수록, 자명한 것들끼리 모일수록 더욱 자명한 진리를 알게 될 것이다. 자명한 그룹에 모호한 것들이 섞이지 않게 잘 관리하기만 하면 된다. 이것이 지혜를 이루는 비결이다. 자명하게 아는 것은 "안다!"고 말하고, '찜찜하고 모호한 것'은 "모른다!"고 말하자. 이것이 참으로 아는 것이다. 자신의 양심을 속이지 않도록 하자.

지혜를 이루는 것은 어렵지 않다. 우리가 생각을 하건, 말을 하건, 행동을 하건, 책을 보건 내면에서 울려 퍼지는 '양심의 소리'에 충실하기만 하면 된다. 양심을 충실히 따르기만 하면 누구나 상상을 초월한 지혜를 얻을 수 있다. 지금 자신의 생각이 자명한가 아니면 찜찜한가? 지금 자신의 언행이 자명한가 아니면 찜찜한가? 지금 책에서 읽은 내용이 자명한가 아니면 찜찜한가? 양심껏 답을 해보자. 그리고 자명한 것만 취해 자신의 것으로 삼자. 이것이 지혜를 이루는 비결이다. 『근사록(近思錄)』에서도 이 점을 분명히 하고 있다.

欲知得與不得 於心氣上驗之 思慮有得 中心悅豫 沛然有裕者 實得也 思慮有得 心氣勞耗者 實未得也 強揣度耳.

진실로 답을 알아냈는지 알아내지 못했는지는 마음상태에서 검증해 보아야 한다. 생각해서 답을 얻었을 때 마음이 기쁘고 즐거우며 흡족해 여유가 있다면 진실로 정답을 얻은 것이다. 그런데 생각하여 답을 얻긴 얻었으나 마음이 찜찜하고 답답하면 실제로 답을 얻은 것이 아니라 억지로 추측하였을 뿐이다.

- 『근사록』

다음과 같은 예수의 가르침도 이와 일맥상통한 가르침이다.

그대들은 "예!"라고 할 것은 "예!"라 하고, "아니오!"라고 할 것은 "아니오!"라고만 하라. 그 이상의 말은 '악(惡)'에서 나온 것이다.

- 『마태복음』 5:37

'악'은 양심을 저버린 것을 말한다. 내면에서는 분명히 아니라고 하는데 "맞다"고 하는 비양심적 마음에는 지혜가 깃들 수 없다. 맞는 것은 "맞다"고 하고, 그릇된 것은 "틀렸다"고 하는 양심적인 마음에만 지혜가 깃들 수 있다. 그래서 공자는 늘 자신의 마음을 텅 비워 놓아 어떠한 사심도 없게 만들어 놓고 "자명한가? 찜찜한가?"라고만 물은 것이다. 그래서 남을 지도할 때도 이런 텅 빈 마음의 상태에서 선입견 없이 상대방을 지도하였다. 그리고 상대방에게 공자의 주장을 강요하기 보다는 자명한 것과 찜찜한 것의 양 극단을 친절히 설명해줄 뿐이었다.

子曰 吾有知乎哉 無知也 有鄙夫問於我 空空如也 我叩其兩端而竭焉.

공자께서 말씀하셨다. "내가 아는 것이 있는가? 나는 모를 뿐이다! 비속한 사람이 내게 와 물으면 나는 마음을 텅 비우고 그 일의 '양 극단'을 두드려 남김없이 드러내 보일 뿐이다."

– 『논어』 「자한」

앞에서 살펴보았듯 공자는 늘 "나는 내 이름도 모른다!"라고 선언해 자신의 아집을 내려놓고 살았다. 그러다 누군가 자신에게 어떤 질문을 던져오면 그 사안에 대해 자신이 아는 대로 "이것은 자명하다!" 혹은 "이것은 찜찜하다!"라고 양 극단을 남김없이 드러내 보여주기만 했다. 왜냐하면 누구나 양심을 지니고 있어 상대방의 양심을 만족시켜주기만 하면 스스로 옳고 그름을 판단할 수 있기 때문이다. 공자는 자신의 양심이 인도하는 대로 자신이 자명하게 아는 선에서 자명한 것과 찜찜한 것을 남김없이 설명해주기만 한 것이다. 그리고 이를 통해 상대방 스스로 옳고 그름을 판단할 수 있게 한 것이다. 이것이야말로 최고의 '코칭(coaching)'이다.

가정에서 양심의 실천

남을 배려하는 군자

'사랑(仁)·정의(義)·예절(禮)·지혜(智)'의 양심을 온전히 배양한 군자는 언제나 "자신이 남에게 바라는 것을 남에게 베풀라."는 '사랑의 명령'과 "자신이 당하기 싫은 일을 남에게 가하지 말라."는 '정의의 명령'을 어기지 않는 삶을 살아간다. 한마디로 "사랑과 정의를 실천하라!"는 '하늘의 명령(天命)'을 따르는 삶을 사는 것이다. 그래서 군자는 늘 나와 남을 동등하게 놓고 남의 입장을 최대한 역지사지하여 배려한다.

故君子 以人治人 改而止 忠恕違道不遠 施諸己而不願 亦勿施於人.

그러므로 군자는 그 사람의 입장이 되어 그 사람을 다스리
되 잘못이 있으면 반드시 바로잡은 뒤에 멈추어야 한다. 충심
으로 '서(恕, 나와 남을 똑같이 여기는 것)'를 실천하는 것은 도
와 거리가 멀지 않으니 자신에게 시행해 보아 자신이 원하지
않는 것을 남에게 베풀지 말아야 한다.

- 『중용』

군자는 어디를 가더라도 나와 남을 올바르게 경영한다. 유교
에서 가장 중시하는 군자의 덕목인 '수기치인(修己治人, 나를 닦고
남을 다스림)'의 삶을 살아간다. 늘 나와 남을 고루 잘 다스리는
것을 목표로 공부하는 군자는 언제 어디서나 자신의 '양심의
소리'에 충실할 뿐이다.

子曰 其身正 不令而行 其身不正 雖令不從.
공자께서 말씀하시길 "그 자신이 바르다면 명령하지 않아도
행해지며, 그 자신이 바르지 않다면 비록 명령하여도 따르지
않을 것이다."라고 하셨다.

- 『논어』「자로」

그래서 남의 입장에서 남을 배려하며 남에게 부당한 피해
를 가하지 않는다. 공자가 "덕은 외롭지 않으니 반드시 함께하
는 이웃이 있다(子曰 德不孤 必有隣, 『논어』「이인」)."라고 하였듯 사
람들은 그러한 군자를 좋아하고 따르게 마련이다. 자신을 배려

해주는 사람을 어떻게 좋아하고 따르지 않을 수 있겠는가? 반대로 자신을 배려하지 않는 사람을 어떻게 좋아하고 따를 수 있겠는가? 일시적으로는 따르게 할 수 있을지 몰라도 결국에는 떠나고야 말 것이다.

부모님의 마음을 역지사지하라

남에게는 예절을 잘 지키는 사람도 가까운 가족에게는 무례하게 구는 경우가 많다. 가까운 사이라고 생각할수록 상대방이 자신을 이해해주려니 하고 무례하게 구는 것이다. 또 가까운 사이일수록 상대방에게 많은 배려를 기대하기 쉽다. 내가 말하지 않아도 상대방이 다 알아서 해주리라 기대한다. 친한 사이이기 때문이다. 그래서 가족 사이에 더 불화가 일어나기 쉽다. 이러한 일은 이기적 욕심을 추구하는 소인일수록 더욱 심하게 일어난다. 반대로 늘 역지사지를 생활화하는 군자는 누구보다 가까운 혈족인 가족의 마음을 더욱 잘 배려한다. 더구나 군자는 자신을 낳고 길러주신 부모님의 은혜를 잊지 않기에 부모님의 마음을 배려하고자 늘 노력한다.

子曰 父母之年 不可不知也 一則以喜 一則以懼.
공자께서 말씀하시길 "부모의 나이를 몰라서는 안 된다. 한편으로는 기뻐하고 한편으로는 두려워해야 한다."라고 하셨다.
－『논어』「이인」

군자는 부모님의 나이를 잘 기억해야 한다. 그리고 한편으로는 부모님이 오래 사시는 것을 기뻐해야 하며, 한편으로 부모님이 연로해지시는 것을 두려워해야 한다. 이것이 부모님의 마음을 자신의 마음처럼 여기는 군자의 태도다. 군자는 자신의 욕심대로 살아가는 사람이 아니다. 오직 사랑과 정의의 양심에 충실히 살아갈 뿐이다. 그러니 억지로 효도를 하는 것이 아니라 자신의 양심이 시키는 대로 자신이 자식에게 당해 싫은 일을 부모님께 가하지 않으며(정의), 자신이 자식에게 바라는 것을 부모님께 드릴 뿐이다(사랑). 이것이 군자의 효도다.

孟懿子問孝 子曰 無違. 樊遲御 子告之曰 孟孫問孝於我 我對曰 無違 樊遲曰何謂也 子曰 生事之以禮 死葬之以禮 祭之以禮.

맹의자가 효도에 대해 묻자 공자께서 말씀하시길 "어김이 없어야 한다."라고 하셨다. 번지가 수레를 물고 있는데 공자께서 말씀하시길 "맹손 씨가 나에게 효도에 대해 물었는데 내가 대답하기를 '어김이 없어야 한다'라고 하였다."라고 하셨다. 번지가 묻기를 "무엇을 말씀하신 것입니까?"라고 하였다. 공자께서 말씀하시길 "살아계시면 예절에 맞게 섬기며, 돌아가시면 예절에 맞게 장사를 지내며, 예절에 맞게 제사를 지내는 것이다."라고 하셨다.

– 『논어』 「위정」

노나라의 대부인 맹의자가 공자에게 "효도는 어떻게 하는 것입니까?"라고 묻자 공자는 "예절에 어기지 말아야 한다."고 답했다. 여기서 말하는 예절은 앞에서 살펴보았듯 '형식적 예절'이 아닌 '양심의 표현'이다. 부모님께서 살아계실 때는 '내가 자식에게 받고 싶은 것'을 부모님께 드리고, '내가 자식에게 바라지 않는 것'을 부모님께 가하지 않는 것이 바로 '참된 예절'이다. 이것이 살아계실 때 예절에 맞게 부모님을 섬기는 것이다. 부모님께서 돌아가실 때도 마찬가지다. '내가 자식에게 바라는 것'을 부모님께 드리고, '내가 원하지 않는 것'을 부모님께 가하지 말아야 한다. 이것이 '예절을 어기지 않는다.'는 것이다. 부모님께 마음에도 없는 형식적인 예절만을 갖추는 것은 진정한 효도가 아니기 때문이다.

올바른 효도의 방법

참된 효도를 하는 군자는 형식적인 예절보다 먼저 부모님의 마음을 정확히 역지사지하고자 노력한다. 부모님의 마음을 실감나게 이해하지 못하면서 어떻게 부모님의 마음을 어루만져 드릴 수 있겠는가? 그래서 공자는 다음과 같이 말한다.

孟武伯問孝 子曰 父母唯其疾之憂.
맹무백이 효도에 대해 묻자 공자께서 말씀하시길 "부모는 오직 그 질병만을 걱정하신다."라고 하셨다.
― 『논어』「위정」

효도의 구체적 방법을 묻는 맹무백에게 공자는 무엇보다 "부모님께서 오직 그대가 아플까 걱정하는 것을 알라!"라고 하였다. 부모님이 자식의 건강을 걱정하는 간절한 마음을 모르는 사람은 효도를 논할 수 없다. 끼니마다 음식을 챙겨드리고 옷을 사드린다고 하여 진정한 효도는 아니다. 그런 것은 아끼고 사랑하는 동물에게도 충분히 할 수 있는 것이기 때문이다.

子游問孝 子曰 今之孝者 是謂能養 至於犬馬 皆能有養 不敬 何以別乎.

자유가 효도를 묻자 공자께서 말씀하시길 "요즘의 효자들은 봉양을 잘한다고 이를만하다. 그러나 개와 말에 있어서도 능히 길러주는 바가 있으니 공경하지 않는다면 어떻게 구별할 수 있겠는가?"라고 하셨다.

－『논어』「위정」

부모님께서 원하시는 것과 원하지 않으시는 것을 명확히 알고, 부모님의 마음을 존중하면서 봉양하지 않으면 개와 말에게 잘하는 것과 다를 바 없다는 공자의 가르침을 명심해야 한다. 진정한 효도는 '양심의 발현'을 통해서만 이루어진다. 우리가 부모라면 자식에게 진정성 없는 봉양을 받고 싶지 않을 것이다. 그러니 부모님을 사랑하고 공경하지 않는다면 아무리 물질적으로 봉양해 드리더라도 참된 효도라고 할 수 없는 것이다.

子夏問孝 子曰 色難 有事弟子服其勞 有酒食先生饌 曾是以爲
孝乎.

자하가 효도에 대해 묻자 공자께서 말씀하시길 "안색을 좋
게 하는 것이 어렵다. 일이 있을 때 젊은이들이 그 수고로움을
대신 받고, 술과 밥이 있을 때 어른들께 드시게 하는 것만을
일찍이 효도라고 할 수 있겠는가?"라고 하셨다.

　　　　　　　　　　　　　　　　　　　　　－『논어』「위정」

그렇다면 부모님을 위해 수고로운 일을 대신하고, 술과 밥이
있을 때 부모님께 드리는 것은 참된 효도가 아닐까? 공자는 그
것만으로는 부족하다고 말한다. 이왕이면 공경을 해드리더라도
부모님이 걱정하시지 않게 해드리는 것이 더욱 훌륭하기 때문
이다. 그러니 부모님을 공경하고 봉양하되 이왕이면 안색을 잘
관리해 부모님의 마음을 편안하게 해드려야 한다. 이러한 섬세
한 배려를 갖춘 효도야말로 '양심의 소리'를 훌륭하게 실천하
는 효도다. 그래서 『예기(禮記)』에서는 다음과 같이 말한다.

養可能也 敬爲難 敬可能也 安爲難.

봉양하는 것은 가능하나 공경하는 것은 어려우며, 공경하
는 것은 가능하나 편안하게 해드리는 것은 어렵다.

　　　　　　　　　　　　　　　　　－『예기』「제의(祭義)」

사회에서 양심의 실천

양심적 군자의 사회생활

군자는 가정에서뿐만 아니라 사회에 나와서도 늘 '양심의 구현'을 목표로 살아간다. 그래서 군자는 직장에서도 자신이 남에게 바라는 것을 상대방에게 베풀며(사랑), 자신이 원하지 않는 것을 상대방에게 가하지 않고(정의), 말하고 행동함이 늘 겸손하고 상황에 적절하며(예절), 판단에 있어 늘 자명한 것만을 선택한다(지혜). 인의예지(仁義禮智)를 두루 갖추고 양심대로 사는 군자는 어떠한 인간관계에서도 늘 자유롭다. 인의예지라는 잣대로 재기만 하면 어떠한 인간관계에서도 최선의 답을 찾아낼 수 있기 때문이다. 인의예지를 모두 충족하도록 생각하고 말하고 행동하면 언제 어디서도 최선의 답을 찾아낼 수 있다. 취직해

봉급을 받는 비결도 바로 여기에 있다.

子張學干祿 子曰 多聞闕疑 愼言其餘則寡尤 多見闕殆 愼行其
餘則寡悔 言寡尤 行寡悔 祿在其中矣.

자장이 녹봉(봉급) 구하는 방법을 묻자 공자께서 말씀하시
길 "많이 듣되 의문이 나는 것을 제외하고, 그 나머지를 신중
히 말하면 허물이 적어질 것이며 많이 보되 위태로운 것을 제
외하고, 그 나머지를 행동으로 옮기면 후회할 일이 적어질 것
이다. 말에 허물이 적고 행동에 후회할 일이 적으면 녹봉이 그
가운데 있을 것이다."라고 하셨다.

– 『논어』「위정」

공자는 사회에 등용되어 봉급을 받는 방법으로 많은 정보를
갖추되 언제나 자명한 것만을 말하고 행동에 옮기라 충고한다.
자명한 것만을 말하고 실천한다면 그러한 말과 행위는 천 년
뒤에 돌아보더라도 후회할 게 없을 것이다. 자명한 것만을 말하
고 실천한다는 것은 양심에 걸림이 없게 사는 것이다. 늘 많은
정보를 보고 듣되 양심에 걸림이 없게 정보를 활용할 수 있다
면 우리는 책잡힐 일을 하지 않을 것이며 후회할 일이 없을 것
이다. 재능을 함부로 쓰지 않고 양심에 맞게 쓴다면 당연히 사
회에 등용될 것이라는 이야기다.

子曰 君子周而不比 小人比而不周.

공자께서 말씀하시길 "군자는 두루 사랑하되 편애하지 않
으며 소인은 편애하되 두루 사랑하지 않는다."고 하셨다.

— 『논어』 「위정」

또 그러한 군자는 사회에 나가서도 직장 동료 모두에게 양심
적으로 대하되 사사롭게 특정인만 편애하지 않을 것이다. 군자
는 자신이 사사로운 패거리의 피해자가 되기 싫어 패거리를 지
어 남에게 피해를 주지 않는다. 반대로 자신의 욕심에만 눈이
먼 소인은 자신에게 유리해 언제나 패거리를 지어 사사로운 이
익을 취하려 한다.

양심으로 천하를 경영하라

천하를 바로잡는 정치도 결국은 이런 군자가 위에 올라가야
만 가능하다. 늘 모두의 이익을 중시하는 군자라야 백성의 이
익을 자신의 이익처럼 위해줄 수 있기 때문이다. 소인은 자신의
이익만 중시하기 때문에 소인이 높은 자리에 올라가면 천하는
빈곤해진다. 천하의 재물을 자신의 재물로 착복하기 때문이다.
반대로 군자는 높은 자리에 올라갈수록 빛이 난다. 늘 백성이
원하는 것을 미리 알아서 충족시켜 주기 때문에 백성들이 안
심하고 생업에 종사할 수 있게 된다.

哀公問曰 何爲則民服 孔子對曰 擧直錯諸枉則民服 擧枉錯諸
直則民不服.

애공이 "어떻게 해야 백성이 복종하겠습니까?"라고 묻자 공
자께서 대답하시길 "곧은 것(군자)을 들어다 굽은 것(소인) 위
에 놓으면 백성들이 복종할 것이며, 굽은 것을 들어다 곧은 것
위에다 놓으면 백성들이 복종하지 않을 것입니다."라고 하셨다.
— 『논어』 「위정」

소인이 천하를 다스릴 때 백성이 복종하지 않는 것은 지도
자가 백성의 이익은 무시하고 자신의 이익만 챙기기 때문이다.
오직 군자라야 백성의 이익을 자신의 이익처럼 챙겨줄 것이니
천하가 그에게 진심으로 복종할 것이다. 이런 당연한 상식이 지
켜지지 않는 것은 이 사회에 진정한 군자가 드물기 때문이다.

공자가 제시한 대로 '양심의 회복'을 이루어가다 보면 자연
스럽게 이 땅에도 세종대왕과 같은 양심적 리더가 등장하게 될
것이다. 쉽게 배우고 쓸 수 있는 글자가 없어 백성들이 피해를
입는 것을 보고, 이를 자신의 괴로움처럼 여겨 손수 한글을 창
제한 세종대왕이야말로 참으로 '양심적인 군자'가 아닐 수 없
다. 이런 군자가 천하를 경영하면 백성들은 참으로 편할 수밖
에 없다. 그리고 백성이 주인 대접을 받는 진정한 민주주의가
이루어지게 된다. 양심적인 군자가 리더가 되어 천하를 다스리
게 되면 유유상종(類類相從)으로 자연히 그 주변에 군자들이
몰려 천하는 잘 다스려지고 백성은 안락하게 된다.

子曰 道之以政 齊之以刑 民免而無恥 道之以德 齊之以禮 有恥 且格.

공자께서 말씀하시길 "정책으로만 인도하고 형벌로 가지런 히 한다면 백성들이 형벌을 면하려고만 할 뿐 부끄러움이 없 을 것이다. 덕으로 인도하고 예절로 가지런히 해야만 부끄러움 을 알고 스스로 바로잡을 것이다."라고 하셨다.

- 『논어』 「위정」

그리고 그런 양심적 리더는 백성들을 정책과 형벌로만 다스 리지 않는다. 양심적 리더는 자신뿐만 아니라 백성들까지도 양 심적 리더(군자)가 되도록 정치한다. 그래서 내면의 양심을 밝히 도록 유도하고, 늘 양심에 맞게 말과 행동을 표현하게 하고, 양 심에 부끄러운 것을 스스로 바로잡게 인도한다. 백성들 스스로 '양심의 소리'에 귀를 기울이게 인도할 수 있을 때 최고의 정치 가 이루어질 수 있기 때문이다.

子曰 爲政以德 譬如北辰居其所 而衆星共之.

공자께서 말씀하시길 "정치를 덕으로 하는 것은 비유하자 면 북극성이 제자리를 지키고 있으나 모든 별이 그를 받드는 것과 같다."라고 하셨다.

- 『논어』 「위정」

양심적 리더가 덕, 즉 '양심의 실천'을 통해 천하를 경영하면 제자리에 있는 북극성을 중심으로 하늘의 모든 별이 돌듯 그러한 리더를 중심으로 천하가 그를 받들며 돌아가게 된다는 것이다. 양심을 온전히 갖춘 리더는 주변을 자신처럼 돌보기 때문에 그 주변도 리더를 자신처럼 여기며 존중하고 따르게 되는 것이다. 이것이 공자가 평생에 걸쳐 추구한 '도덕정치'이자 '양심정치'이다.

마치며

『논어』에서 제시하는 양심계발의 심법, 즉 자신의 양심을 닦아 천하의 모든 사람이 양심적이 되도록 인도하는 것이야말로 공자가 추구한 학문의 핵심이다. 『논어』의 가르침대로 각자 자신의 양심을 밝히고, 스스로 양심적 리더가 되어 사회를 정화시키는 데 이바지할 수 있다면 이보다 보람 있는 일은 없을 것이다.

공자가 그토록 좋아했다는, 고대 동방문화의 정수를 담은 『대학(大學)』에서는 '인간의 길'을 세 가지 강령으로 제시한다.

大學之道 在明明德 在親(新)民 在止於至善
대학의 길은 본래 '밝은 덕(明德)'을 다시 밝히는 데 있고,

백성이 날로 새로워지는 것을 잘 돌보는 데 있고, '최고의 선(至善)'에 머무르는 데 있다.

－『대학』

군자가 걸어야 할 길은 바로 이것이다. 먼저 자신의 밝은 덕, 즉 양심을 다시 밝혀내고(修己), 백성들이 스스로 양심적이 될 수 있도록 인도해(治人), 나와 남 모두가 양심적으로 살아가는 최고의 선한 경지(至善)에 도달하게 하는 것, 이것이야말로 '군자의 길'이다. 군자는 늘 자신의 양심을 다시 밝혀내고자 노력하는 사람이다. 언제 어디서나 양심의 뜻대로 '인의예지'의 덕목들을 배양해 천하를 화평하게 만들고자 최선을 다하는 이가 바로 군자다.

불가의 보살이 자신의 진심(眞心)이 이끄는 대로 '자신을 이롭게 하고 남을 이롭게 하자(自利利他)' '위로는 지혜를 구하고, 아래로는 중생을 구제하자(上求菩提 下化衆生)'는 가르침을 닦아가듯, 유가의 군자는 자신의 양심(良心)이 이끄는 대로 '나를 닦고 남을 다스리자(修己治人)' '타고난 양심을 다시 밝혀내어 백성들이 날로 새로워지게 도와주자(明明德 新民)'는 가르침을 닦아간다.

이 사회에 군자들이 넘쳐날 때 그토록 우리가 갈망한 세상, 모두가 주인 대접을 받으며 살아가는 '대동(大同)세상'이 이루어지게 될 것이다. 대통령은 양심의 명령에 따라 국민의 이익을 자신의 이익처럼 존중하고, 국회의원들은 양심의 명령에 따라 국민의 의사를 대변해 정책을 결정하며, 국민들은 양심의 명령에 따라 남을 자신처럼 배려하며 살아가는 사회야말로 진정한 대동세상이다.

'자신이 남에게 바라는 것을 먼저 남에게 베풀라(사랑)' '자신이 남에게 당하기 원하지 않는 것을 남에게 가하지 말라(정의)'는 '양심의 명령'을 충실히 따르는 것이야말로 인류가 당면한 모든 부정부패와 부조리를 타파하는 최고의 처방이 될 것이다. 또 물질문명의 한계를 극복하고 새로운 문명을 여는 열쇠가 될 것이다. 이것이 『논어』를 읽은 보람일 것이다.

참고문헌

『사서집주(四書集註)』, 보경문화사, 2006.

박성규, 『논어집주』, 소나무, 2011.

윤홍식, 『채근담, 인생경영의 지혜』, 봉황동래, 2011.

윤홍식, 『대학, 인간의 길을 열다』, 봉황동래, 2005.

윤홍식, 『조선 선비들에게 배우는 마음 챙김의 지혜 100』, 봉황동래, 2006.

이종호, 『과학으로 찾은 고조선』, 글로연, 2008.

큰글자 살림지식총서 082

논어 양심을 밝히는 길

펴낸날	초판 1쇄 2013년 7월 31일
	초판 3쇄 2015년 8월 31일

지은이	윤홍식
펴낸이	심만수
펴낸곳	(주)살림출판사
출판등록	1989년 11월 1일 제9-210호

주소	경기도 파주시 광인사길 30
전화	031-955-1350 팩스 031-624-1356
기획 · 편집	031-955-4671
홈페이지	http://www.sallimbooks.com
이메일	book@sallimbooks.com

ISBN   978-89-522-2715-7   04080

※ 이 책은 큰 글자가 읽기 편한 독자들을 위해
   글자 크기 15포인트, 4×6배판으로 제작되었습니다.